KB059693

떠오른 국가와

버려진 국민

떠오른 국가와 버려진 국민

강상중 지음

노수경 옮김

메이지 이후의

일본

사계절

일러두기

1. 이 책은 일본 교도통신이 2016년 1월부터 2017년 9월까지 연재한 「강상중 사색의 여행 1868년부터」를 묶어낸 『維新の影』(集英社, 2018)의 한국어판이다.
2. 일본 연재 당시 이와테일보, 아키타사키가케신보, 고호쿠신보, 후쿠시마민보, 니가타일보, 신노마이니치신문, 사이타마신문, 지바일보, 야마나시일일신문, 시즈오카신문, 기타쿠니신문, 후쿠이신문, 기후신문, 교토신문, 산요신문, 주고쿠신문, 산인중앙신보, 도쿠시마신문, 시코쿠신문, 에히메신문, 고치신문, 사가신문, 나가사키신문, 구마모토일일신문, 미야자키일일신문, 오키나와타임스, 류큐신보 등 다수의 언론에 동시 게재되었다.
3. 본문에 등장하는 인물의 소속과 지위는 취재 당시의 내용이다.
4. 인용문 중에는 오늘날의 인권 의식에 비추어볼 때 부적절한 표현이 있지만, 그 글이 작성된 시대의 상황을 고려하여 원문 그대로 인용했다.
5. 본문의 주석은 모두 독자의 이해를 돕기 위해 옮긴이가 추가한 것이다.

유신의 그늘✦

한국인은 '유신維新'이라는 말을 들으면 무엇이 생각날까? 아마도 많은 사람이 반세기 전의 '10월 유신'을 떠올리지 않을까? 1972년 바로 그해에 재일 한국인 2세인 나는 처음으로 어머니와 아버지의 나라를 방문했다. 그때 내가 본 것은 오사카 만국박람회를 계기로 세계의 경제 대국으로 달음질치던 '해피 재팬happy Japan'과는 천양지차인 조국의 현실이었다. 나라 안은 온통 전시를 방불케 하는 긴장감이 감돌고 있었으며, 서민들은 가난에서 벗어나기 위해 엄청난 에너지를 뿜고 있었다. 서울이든 지방이든 어디에서나 사회와 정보를 통제하는 감시의 눈이 번득였다. 거리를 지나가는 사람들을 날카롭게 흘겨보던 군인들이 아직도 기억에 선명하다. 반공의 최전선에 선 대한민국이라는 신흥 국가에 강요된 현실은 혹독했다.

여기에 더해 유신이라는 말은 그보다 100년 전인 1868년의 '메이

✦　저자는 이 책의 원제인 '維新の影(유신의 그늘)'을 한국어판 서문의 제목으로 다시 한 번 사용했다.

지明治 유신'을 떠오르게 한다. 메이지와 10월, 두 번의 유신은 식민 지배의 가혹한 현실을 아는 세대에게는 오랜 상처를 헤집는 말이었으리라.

만주국 육군군관학교를 졸업한 박정희는 1961년 5·16 군사 쿠데타 후 일본에 방문해 조슈번(야마구치현) 출신으로 만주국 괴뢰 정부의 막후 총리로 불리던 기시 노부스케岸信介를 만났다. 그 자리에서 그는 비장한 얼굴로 자신이 메이지 유신의 선구적 지도자가 되어 혁명을 이루겠다고 말했다. 군인 박정희와 정치가 기시 노부스케는 그 뒤로 문경지교刎頸之交◆가 되었다. 우연인지 필연인지 박정희의 딸 박근혜가 18대 한국 대통령으로 취임했고 기시 노부스케의 손자 아베 신조安倍晋三는 90, 96, 97대 일본 내각 총리대신을 거쳐 지금도 최고 권력자로 서 있다.

나는 만주국에 뿌리를 둔 박정희와 기시 노부스케를 '역사의 귀태鬼胎(태어나지 말았어야 할 사람)'라고, 박근혜와 아베 신조는 '귀태의 아이들'이라 말한 적이 있다. 그중 한 명은 권력에서 쫓겨났고 나머지 한 명도 이제 그 권세가 기울고 있다. 길고 길었던 아베의 일강一強 지배도 곧 끝날 것이다. 유신의 그늘이 걷히고, 그 속에 살던 지도자들이 퇴장하면 유신의 유물 또한 사라질까? 아니, 그렇지 않을 것이다. 유신이란 타율적으로 근대화가 강요된 비서구의 신흥국이 서구와 어깨를 나란히 하고 국제 사회로 나아가자고 국민을 동원할 때

◆ 서로를 위해서라면 목이 잘린다 해도 후회하지 않을 정도의 사이라는 뜻으로, 생사를 같이할 수 있는 아주 가까운 사이, 또는 그런 친구를 이르는 말이다. 중국 전국 시대의 인상여藺相如와 염파廉頗의 고사에서 유래했다.

쓴 슬로건이었기 때문이다.

1688년 영국의 보수파와 개혁파가 전제 왕정을 입헌 군주제로 전환하기로 합의한 명예혁명의 발단이 된 사건이 있다. 올리버 크롬웰Oliver Cromwell의 사후 영국은 공화정을 폐지하고 왕정으로 되돌아가기를 열망했다. 어찌 보면 역사의 방향에 역행한 것인데, 이를 영어로 'Restoration of Imperial Rule'이라고 표기한다. 문자 그대로 '왕정복고'이다. 여기에는 서구 최초의 시민 혁명인 청교도혁명이 지나친 감이 있었기에 그 과격함을 본래대로 되돌린다는 뜻이 깔려 있다.

일본의 메이지 유신 또한 '천황친정天皇親政'으로 나아갔다. 막부가 국가를 통치하던 시대에서 천황이 직접 통치하는 시대로 전환되었다. 하지만 이것이 영국의 왕정복고와 동일하지는 않다. 그에 앞선 시민 혁명이 부재했기 때문이다. 일본의 복고는 막부 체제 이전 시대로의 복귀를 뜻했으며, 메이지 유신은 율령국가 체제로 복귀하겠다는 선언이었다.

현대 일본의 정당 가운데 하나인 '유신의 당'의 영어 표기가 'Japan Innovation Party'라는 사실에서 눈치챌 수 있듯, 복고란 동시에 혁신(쇄신)이기도 하다. '과거로 돌아가 새로운 것을 취한다.' 복고인 동시에 혁신이라는 이율배반적 통합이야말로 유신의 숨은 뜻이라 하겠다. 유신은 전통을 취사선택하여 내셔널리즘을 만들어내고 과학기술의 끊임없는 진화를 통해 생산력을 증진시킨 서구의 선진국을 좇던 아시아 변방의 국가가 근대화를 위해 취한 방식이었다.

일본은 전통과 민족 정체성을 유지하며 부국강병에 매진하는 과제에 도전했다. 그 결과 사회와 국민은 약해졌을지언정 국가는 강력해졌고, 비서구 세계 최초로 근대화에 성공한 것처럼 보였다. 그렇기 때문에 많은 국민이 지금도 메이지 유신을 긍정하며 이를 자신의 근대적 뿌리이자 '영광 가득한 출발'로 간주하고 있다.

전쟁 전의 일본은 프로메테우스처럼 아시아로 불, 즉 서구의 문명과 기술을 가져왔다. 그리고 무기를 앞세워 전쟁을 일으켰다. 한반도는 아시아의 프로메테우스가 떨치는 강렬한 빛에 눈이 먼 상태로 식민지 지배라는 굴욕과 고난을, 그리고 희생을 강요당했다. 일본은 제국주의 국가가 되어 바깥으로 팽창했다. 가장 먼저 한반도를 딛고 만주로, 화북으로, 이어서 중국 땅 전체로 남진했으며 동남아시아까지 세력을 확대했다. 만약 역사가 지금과 달랐다면 한반도의 근대와 현대 또한 크게 달라졌을 것이다.

프로메테우스가 제우스의 역린을 건드려 코카서스의 바위에 묶였듯이, 일본제국 또한 한순간에 풍선에 바람이 빠지는 것처럼 쪼그라들었다. 태평양전쟁의 패배로 일본은 영원히 패자로 부활할 수 없으리라 여겨졌다. 그러나 전후 일본은 경제 대국으로 다시 올라섰다. 반면 프로메테우스의 족쇄에서 해방된 한반도는 끔찍한 내전을 겪고 분단되었다. 고난의 시기를 겪고 나온 한국은 일본의 유신을 재탕하여 '한강의 기적'이라 불리는 고도성장을 달성했다. 그렇다면 한국은 지금도 일본의 '훌륭한 복사판', '코리아 애즈 넘버 투Korea as No.2'에 머물러 있을까?

150년 전의 개국과 서구화, 그리고 80년 전의 2차 세계대전이 불러온 거대한 전환에 필적할 만한 코로나19가 전 세계에 창궐한 지금, 한국과 일본의 대응을 비교하면 그 답을 찾을 수 있다. 2020년의 한국은 메이지 유신과 10월 유신의 그늘로부터 완전히 벗어나는 중이다. 반면 메이지 국가를 영광의 시대로 칭송하며 아름다운 일본을 만들겠다고 말하는 귀태의 아이와, 그를 중심으로 하는 통치 시스템은 지금도 '약한 사회 위에 우뚝 솟은 국가주의'의 생리를 버리지 못했다. 그 결과 일본 전국에서 균열과 비틀림이 계속되고 있다. 이에 비해 한국은 여러 한계를 극복하며 착실하게 시민과 사회운동의 힘을 키웠다. 규범과 정의라는 관념이 사회적 결속을 강화했고 '강한 국가'를 견제할 수 있는 '강한 사회'를 갖는 데 성공했다. 한국은 강력한 통제와 처벌을 앞세우지 않고도 코로나19 바이러스의 폭발적 확산을 제어하는 데 성공했다. 이런 모범적 대응은 하루 아침에 가능해지지 않는다. 끊임없이 민주화를 통해 사회를 건강하게 만들고 국가를 감시하는 능력을 길러온 역사의 성과일 것이다. "자유가 태어나 번영하기 위해서는 국가와 사회가 함께 강해지지 않으면 안 된다."(대런 애쓰모글루Daron Acemoglu, 제임스 로빈슨James A. Robinson) 한국은 분명히 그런 방향으로 나아가는 중이다.

100년 전 아시아의 빛과 어두움, 태양과 그림자를 대표하는 듯 보였던 일본과 한국은 지금 완전히 다른 길을 걷고 있다. 특히 한국은 약한 사회 위에 세워진 국가주의(강한 국가)의 비틀린 구조로부터 벗어나는 중이다. 서서히, 하지만 확실하게 국가와 사회가 상호 균형을 이루는 영역을 넓히고 있다. 아마도 '코로나 이후'가 아니라 '코로나와 함께하는'이라고 부르게 될 미래에 '유신'으로 만들어진 약한 사회 위에 군림하는 국가는 쇠퇴할 수밖에 없을 것이다.

사회가 약하고 민주화가 더디며 국가와 사회 사이에 난 자유의 회

랑이 좁은 곳에서 개인은 얼마나 큰 불행과 많은 고난을 감당해야 했던가. 그럼에도 불구하고 얼마나 저항해왔던가. 이 책에서 나는 유신의 그늘이 드리운 현장을 방문하여 압제와 저항의 역사를 산 증인을 만났다. 일본의 근대 그 자체라고 할 수 있는 메이지 유신 이후의 역사를 시점을 달리하여 이해하려는 시도였다. 이를 통해 일본이라는 국가의 이미지에 가려 있던 주민과 시민, 민중의 얼굴이 드러날 것이다. 여기에 새겨놓은 국가의 폭력에 저항한 이름 없는 이들의 눈물겨운 삶은 격동의 역사를 통과해온 한반도 시민들의 삶과도 겹쳐지리라.

남쪽으로 푸른 바다가 눈부신 오키나와에서 출발하여 북쪽으로 구나시리토의 그림자가 보이는 혹한의 홋카이도 노쓰케반도에 이르기까지, 메이지 유신 이후의 역사 현장을 방문한 여행. 코로나의 소용돌이는 당분간 이런 여행을 재현할 수 없게 만들었다. 내 손으로 써 내려간 기록이 폭력적인 과거와 답답한 현재를, 그럼에도 희망을 둘 수밖에 없는 미래를 떠올리는 데 작은 도움이 되기를 바란다.

마지막으로 한국전쟁 70주년이자 광주민주화운동 40주년이 되는 해에 이 책의 한국어판이 출판되는 상황은 역사가 원인과 결과로 이어진다는 사실을 다시 한 번 느끼게 한다. 많은 독자가 유신의 그늘을 지우는 여행에 동참해주기를 바란다.

2020년 5월 18일
광주민주화운동 40주년의 날
강상중 도쿄대학 명예교수

차례

1

에너지가 곧 국가다

2

빈곤과 격차의 미래

3

인재를 만드는 궤적

4

천재지변이라는 숙명

5

벼랑 끝에 선 농업

메이지 150년 익찬◆의 물결

2018년은 메이지 유신으로부터 150년이 되는 해다. 근대 일본의 역사 그 자체라 할 만한 메이지 유신 이후 150년. 일본 정부뿐만 아니라 야마구치현, 가고시마현, 고치현 등 각 지역이 기념 행사를 열 예정이고, 이를 신호탄으로 전 국가적 '메이지 기념식'이 개최될 것이다.

메이지를 기념하는 이유는 무엇일까? 정부에서 발행한 「메이지 150년 관련 시책 추진에 관하여」(이하 「추진」)에 이 질문의 답을 짐작할 수 있는 실마리가 있다. "과거로 눈을 돌렸을 때 미래의 비전을 찾을 수 있다는 점에서, 근대화의 발걸음이 기록된 역사 유산을 후세에 남기는 일이 중요하다. (중략) 메이지 150년을 맞이하여 일본이 나아갈 길을 새로 정비해서 차세대를 짊어질 젊은이들이 일본의 미래를 생각하는 계기로 삼는다."

여기에 메이지 150년 기념식의 의미가 응축되어 있다. 이것은 역

◆ 익찬翼贊은 힘을 보탠다는 뜻이다. 특히 일본 천황을 돕는다는 뜻으로 쓰였다. 대정익찬회 등 파시즘적인 흐름과 함께 1940~45년 사이에 많이 사용되었다.

사를 회고하고 과거를 기리는 국가 행사에 머무르지 않는다. 미래로 투사해야 할 과거의 모습을 부각하고, 미래를 선택된 과거의 연장 혹은 반복으로 간주하는 것이다.

다른 각도에서 보면 「추진」은 메이지 150년인 2018년을 기점으로 '과거에 죽은 사람the dead'과 '아직 태어나지 않은 미래의 사람the unborn'을 연결하여 네이션nation이라는 공동체의 영속성을 상상적으로 회복시키려 한다. 네이션이라는 개념에 현재 살아 있는 사람만이 아니라 과거와 미래의 구성원을 포함시키면서, 정부는 메이지 150년 세리머니를 통해 네이션의 선성善性과 애국심을 고취하려 한다.

네이션의 선성—국민의 정부가 어떤 죄를 저지르더라도, 때로 시민이 그 죄에 어떤 방식으로 가담한다 하더라도 네이션은 궁극적으로 선하다는 신념—을 보증하는 것은 이미 죽은 사람과 아직 태어나지 않은 사람이 갖고 있는 '단일한 색의 순수성'이다. 양쪽이 지닌 시대적 사회성을 다 벗겨내고 오직 일본인이라는 속성만 남았을 때 생기는 순수성 안에서만 네이션은 선하며 무구하다. 앤더슨의 반어적 표현을 빌리자면, '과거완료=과거의 완성된' 일본인이라는 네이션과 '미래완료=미래에 완성될' 일본인이라는 네이션이 현재에서 만나, 다시 말하면 죽은 자와 아직 태어나지 않은 자의 유령적 결합이 네이션의 선성을 보증한다.

막스 베버Max Weber 또한 네이션의 선성과 영속성, 그리고 그 일원임을 자각하는 애국심에 관해 장중한 글을 남겼다.

머나먼 미래에 무덤에서 일어난 우리가 미래의 독일인에게 찾고 싶은 것은 우리가 존재했었다는 흔적일 것이다. 아무리 지고하고 궁극적인 이상을 내건들, 과거의 흔적은 덧없다. 우리는 미래에 그것을 강요해서는 안 된다. 그러나 미래의 독일인이 우리의 존재 방식을 보고, 그것이야말로 선조들의 존재 방식이었음을 인정하길 바랄 수는 있다.

「추진」은 베버와 정반대로 네이션의 선성에 대한 낙관을 드러내고 있다. 막부 말기의 사상가 사쿠마 쇼잔佐久間象山이 주창한 화혼양재和魂洋才◆가 바로 낙관을 상징하는 표어다. 「추진」은 메이지 유신 이후 150년을 관통하는 화혼양재 정신을 강조한다. 세계화의 거센 파도가 몰아치는 오늘이야말로 강력한 화혼양재의 힘을 소생시켜야 한다고 말한다.

화혼양재라는 이상이 과거의 사람과 미래의 사람을 연결하는 역할을 맡게 될 것이다. 19세기 서구에 맞선 메이지 일본의 국가 전략이 바로 화혼양재였다. 이것이 세계화에 맞서는 현대 일본의 무기로 다시 호출됐다.

나쓰메 소세키의 비관

100년 전, 메이지를 대표하는 문호 나쓰메 소세키夏目漱石는 「단편」을 통해 메이지 익찬의 물결을 신랄하게 비판했다.

◆ 일본의 전통·정신을 소중히 여기면서 서양에서 배운 학문·지식·기술과 조화롭게 발전시키자는 뜻이다. 화혼한재和魂漢才의 漢을 洋으로 바꾼 조어이다.

과거로 눈을 돌리는 이유는 ①앞날이 불투명하기 때문이며 ②내리막 길에 있기 때문이며 ③이상이 과거에 있기 때문이며 ④훌륭한 선례가 있기 때문이다. 하지만 메이지 39년에는 과거가 없다. 과거가 없을 뿐 아니라 현재도 없으며, 그저 미래만 있다. 청년은 이를 알아야 한다.

근대 일본을 대표하는 국민 작가라 할 수 있는 소세키의 사상을 어떻게 평가하면 좋을까. 소세키는 계속해서 메이지는 모방할 가치가 없다고 신랄하게 선언한다.

메이지 40년을 살며 늙어간 사람은 그 40년이 길다 여기고, 그 긴 시간 동안 명예를 쌓은 우리는 메이지의 공신으로 후세에 전해질 것이라고 스스로 도취되었다.

그러나 저기 멀리서 이 40년을 본다면 손가락 한 번 퉁길 정도로 짧은 시간일 뿐이다. 원훈元勳이라 불리는 자들은 자신들이 벼룩처럼 작아지리라는 것을 모르고 있다. 메이지의 사업은 이제부터 시작이다. 지금까지는 요행의 세상, 준비의 시간이었다. 만약 진실로 위인이자 메이지의 영웅이라 불릴 자가 있다면 앞으로 나올 것이다. 그 사실을 모르고 40년을 유신의 대업을 이룬 때라 여기고, 자기야말로 공신이자 모범이라 자랑하는 자는 멍청함과 자만심과 광기에 빠진 병자이다. 지금까지 모범이 될 만한 자는 한 명도 없었다. 우리는 그들을 모범으로 삼을 정도로 옹졸한 인간이 아니다.

소세키는 메이지 안에서 미래의 모범으로 삼을 과거를 찾을 수 없다고 보았다. 그런 그가 지금의 세리머니를 과연 어떻게 받아들일까? 멍청함과 자아도취와 광기에 사로잡힌 병자의 헛소리라 일갈하지 않을까? 적어도 소세키라면 화혼양재의 낙관주의를 축복하지 않을 것이다. 『산시로』에서 히로타 선생의 입을 빌려 일본은 "무너지겠지"라고 말한 그였으니, 낙관주의의 행방에 관해서도 비관할 것이다. 다행인지 불행인지 소세키는 일본의 패망을 보지 못하고 세상을 떠났다. 무너질 것이라는 그의 예감이 태평양전쟁이라는 참화가 되어 일본뿐 아니라 아시아를 덮쳤다는 걸 모르는 채로 말이다.

2011년 3월 11일, 다시 한 번 소세키의 예감을 떠올리게 하는 참사가 동일본을 습격했다. 후쿠시마 원자력 발전소 사고는 화혼양재의 낙관을 단숨에 날려버릴 비극을 초래했다.

'사색의 여행'이라는 방법

동일본 대지진과 원자력 발전소 폭발 사고가 일어나고 얼마 지나지 않아 나는 후쿠시마로 갔다. 거기에서 질문이 솟아올랐다. '왜 일본에서 인류 역사의 비극이 반복되는가? 히로시마와 나가사키 원자폭탄 투하, 미나마타(미나마타병의 발생지)의 전례 없는 공해, 후쿠시마 원전 폭발 같은 묵시록적 사건이 왜 되풀이되는가? 세 비극만으로도 화혼양재는 완전히 빛바래지 않았는가? 그럼에도 마치 아무 일도 없었던 것처럼 메이지 150년을 축하하는 행사가 열린다. 애국심을 고무하고 화혼양재의 낙관을 선전한다. 여기에 어떤 원형이 존재한다면, 과연 그것은 무엇일까?'

비극은 어디에서 왔으며 누구의 책임인가. 무엇을 해야 비극 안에서 한줄기 희망의 빛을 찾을 수 있을까. 비극이 되풀이되는 이유를 밝히지 않고, 한갓 자연재해로 치부하고, 망각이라는 안전지대로 도망가서 희극적 일상을 계속하는 것이 일본 근대의 패턴이란 말인가. 후쿠시마 원전 사고와 뒤처리 방식도 이 패턴이 압축·재생된 또 다른 예가 아닐까?

일본의 민관과 업계*를 포섭하는 위계질서는 어느 단면을 보든 결정체의 구조가 동일하다. 이 구조가 관과 민이 서로에게 기대어 체제를 유지하는 일본 특유의 질서를 만들어냈다. 원전 사고에 관해 잘 아는 이들이 쓴 글을 읽던 나는 정치학자 마루야마 마사오丸山眞男가 쓴 「군국지배자의 정신형태」를 떠올렸다.

전쟁과 사고는 성격이 다른 비극이다. 하지만 둘 사이에 공통점이 있다면, 그 상황이 닥쳤을 때 국가나 기업, 조직이나 제도 뒤로 몸을 감추는 파워 엘리트power elite**를 목격하게 된다는 점이다. 이들은 '전쟁은 피할 수 없다', '원자력 에너지는 포기할 수 없다'라고 말하며 상황에 순응하고 굴복한다. 마루야마는 다음과 같이 지적했다. "중요한 국책을 결정하고 실행할 때 자기 신념에 충실하지 않고, 오히려 그것을 사정私情으로 간주해 묵살한 뒤 주위를 따라가는 선택을

◆ 업계는 동업자들의 세계라는 뜻으로, 일본에서는 재계보다 더 포괄적인 의미로 사용한다.

◆◆ 조직 사회의 의사 결정 및 집행을 담당하는 권력 집단이다. 미국의 사회학자 C. 라이트 밀스가 1956년 동명의 저서에서 정치, 경제, 군사 영역을 지휘하는 집단에 주목하여 전후 미국의 권력 집중을 비판적으로 분석하였다.

하는 것이 문제다. 또한 그런 선택을 도덕으로 여기는 정신이야말로 진짜 문제다."어느 누구도 책임을 지지 않는 '무책임 체제'를 뭐라고 부를 수 있을까?

대체 무엇이 체제의 데카당스를 떠받치고 있는 걸까? 나는 그 정체가 궁금했다. 어쩌면 그것이야말로 일본의 정체가 아닐까. 이제 비극의 현장으로 가서 실체를 확인하려 한다.

군함도와 미이케 탄광에서, 후쿠시마와 미나마타에서, 한센병 환자 수용 시설에서, 사람이 살지 않는 중산간 지역에서, 아시오 광독 사건이 벌어진 야나카무라에서, 대도시의 슬럼과 미군기지에 짓눌린 오키나와에서, 그리고 코리아타운에서. 거기에는 떠밀려난 이들의 비극이 있다. 희미하게 빛나는 희망도 있다. 인간적, 사회적 특징은 벗겨내고 '단일하고 순수한 일본인'으로 환원된 네이션의 선성을 더 이상 믿지 못하는 사람들의 역사가 떨치는 빛이다.

일본 근대사에서 국민에서 헐벗은 백성으로 떠밀려난 이들은 국가의 변경으로 쫓겨난 소수자였다. 하지만 이제는 사회 한가운데에서 빈곤과 격차, 차별로 인해 고통받는 보통 사람이 늘고 있다. 순수성에 안주할 수 있는 땅은 사라졌다. 다른 한편으로, 순수성의 경계 안쪽에 틀어박혀 경계 바깥의 불순물을 배격하고 쫓아내려는 배외주의에 빠지는 사람이 늘어나고 있다.

메이지 14년의 정변* 이후 의회를 열고 「대일본제국헌법」(이하 「제국헌법」, 1889)과 「교육에 관한 칙어」(이하 「교육칙어」, 1890)를 선포해 위로부터는 집권적 국가주의가, 아래로부터는 국수주의가 융기한 것을 기억하는가. 오늘날에도 세계화의 흐름 가운데 국수주의적 순화 운동이 위아래 양쪽에서 뭉게뭉게 피어나고 있다.

메이지 150년 속 헐벗은 백성의 현장으로 가는 것은 일본의, 그리고 근대의 정체성이 무엇인지 확인하는 과정이자 그 부산물—'식민지 이후의 아이'라 할 수 있는 나의 존재—을 찾는 여행이다.

이 책에 실린 글은 서재와 연구실에서 이루어진 학술 연구라기보다는 현장 연구와 저널리즘의 결과를 이론으로 가공한 것이다. 다시 말해 아카데미즘과 저널리즘의 서자庶子라고 할 수 있다. 굳이 서자로 칭한 이유는 적자적 정통성으로부터 벗어나 있다는 데에 이 책의 의미가 있다고 생각하기 때문이다.

◆ 1881년 자유민권 운동의 흐름 가운데 헌법 제정 논의가 활발해졌다. 정부 안에서도 '군주대권'을 남기는 비스마르크 헌법파와 영국을 모방하는 의원내각제 헌법파 사이에서 분쟁이 일어났다. 전자를 지지하는 이토 히로부미伊藤博文 등이 후자를 지지하는 오쿠마 시게노부大隈重信 등을 정부에서 추방한 사건이 메이지 14년의 정변이다. 이는 근대 일본의 국가 구상을 결정지은 사건으로, 1889년에 발표되고 이듬해에 시행된「제국헌법」을 비스마르크 헌법을 모범으로 삼아 제정하는 계기가 되었다.

1

에너지가 곧
국가다

1 – 후쿠시마현 후쿠시마 원자력 발전소

2 – 구마모토현 미이케 탄광

3 – 나가사키현 군함도

성장의 빛과 그림자
-폐허의 섬에서

왜 사람은 빛을 구할까? 어찌하여 밝음을 좇는 걸까? 그것이 풍요와 행복을 주기 때문일까? 빛-밝음-풍요-행복으로 이어지는 연상은 전후 일본인에게 태양이 동쪽에서 떠서 서쪽으로 지는 것처럼 자명한 논리였다.

일본의 근대는 빛과 밝음, 풍요와 행복을 구하기 위해 오로지 성장과 번영만 꿈꿔온 역사다. 거기에는 모든 활동의 동력원이 되어줄 에너지 자원이 필요했다. 그러나 나는 에너지 자원을 누가, 어디에서, 어떻게 만드는지에 거의 관심이 없었다. 적어도 7년 전, 동일본 대지진과 후쿠시마 원전 사고가 일어나기 전까지는 말이다.

광부의 혼

대지진 몇 주 후의 일이다. 취재 차 방문한 후쿠시마현 소마시에서 원전 사고로 피난을 온 주부를 만났다. "왜 우리가 도쿄를 밝히기 위해 희생되어야 하는지 모르겠어요"◆라는 그녀의 말이 벼락처럼 떨어졌다. 그 말이 '정치학자 나부랭이는 아무것도 모른다'라는 무거운 질책으로 다가왔다.

나는 근대 국가의 동력에 관해 몰랐고, 에너지 생산에 종사하는 사

◆ 도쿄전력이 운영한 후쿠시마 원자력 발전소에서 생산한 전기는 후쿠시마와 그 도시가 속한 도호쿠 지방이 아니라 도쿄를 중심으로 하는 간토 지방에 공급되었다.

람에 대해 몰랐다. '보이지 않던 것을 제대로 봐야 한다'라는 내면의 목소리가 나를 폐허로 이끌었다. 그곳은 세계 문화 유산에 등재된 '메이지 산업혁명의 유산'을 이루는 구성 자산인 하시마 탄광(나가사키)과 미이케 탄광(후쿠오카, 구마모토)의 옛 터다.

「미이케 탄광 관련 사산」이라는 제목이 달린 팸플릿은 이렇게 설명한다. "메이지 일본 산업혁명의 유산. 제철, 제강, 조선, 석탄 산업은 (일본이) 서양이 아닌 다른 지역에서는 처음으로, 또 단기간에 공업화를 달성하고 비약적으로 발전했음을 보여준다. 세계 유산으로 기념할 만한 발전의 증거이다."

우리는 소세키가 "빛과 그림자는 앞면과 뒷면 같아서, 햇볕이 내리쬐는 곳에는 분명 그늘이 생긴다"(『풀베개』)라고 한 것을 잊어버렸다. 지하 몇 백 미터 깊이에서 바깥세상으로 나오지 못한 광부들의 영혼이 지금도 출구를 찾아 헤매고 있다. 그늘 속으로 사라진 것은 "세상에 노동자의 종류는 많지만 … 그 가운데 가장 고통스럽고 가장 아래"(『갱부』)에 있는 광부들이다.

폐허에 서서 귀를 기울이면 그들의 목소리가 들릴지도 모르겠다. 보이지 않던 것이 보일지도 모르겠다. 그런 기대와 불안을 품고 가장 먼저 하시마 탄광으로 향했다.

일본에서는 처음으로 서양식 채굴을 시작한 곳으로 유명한 다카시마 탄광 터에서 동쪽으로 약 2.5킬로미터 떨어진 나가사키시 다카하마초. 해안으로부터 5킬로미터 떨어진 바다에 자리 잡은 하시마 탄광은 바다 위에 떠 있는 모습이 전함 '도사土佐'를 닮았다고 하여 '군함도'로 불렸다. 1974년 폐광 이후 2009년까지 이 섬으로 가는 교통수단은 낚시꾼들이 타는 작은 배뿐이었다. 짙은 구름 사이로 햇살이 부서지는 가을 하늘 아래에서 본 하시마 탄광은 군함이라기 보다 감옥에 가까웠다.

시각화된 계층

섬에 도착하자 오래된 콘크리트 빌딩이 눈앞을 가로막았다. 그것은 폐기종으로 축 늘어진 허파처럼 보였다. 하시마 탄광은 비바람과 거친 파도를 맞으며 역사의 기억에서 지워지고 있었다. 면적 6.3헥타르, 둘레 1.2킬로미터, 동서 160미터, 남북 480미터의 하시마는 암초를 작은 돌멩이로 매립한 인공 섬이다.

수직갱도와 사업 용지는 섬의 동쪽과 남쪽에 집중되어 있었다. 다카시마 탄광을 소유하고 있던 미쓰비시三菱가 1890년에 하시마를 매수하면서 탄광으로 개발되었다. 미쓰비시는 1895년 깊이 162미터의 제2수직갱도를 만드는 데 성공했다. 이듬해에는 제3수직갱도까지 완성되면서 하시마는 단단하고 불순물이 적은 양질의 석탄 생산지로 주목을 받았다.

쇼와 초기에는 연간 20만 톤 이상을 생산하며 일본제국의 성장을 견인했다. 만주사변에서 대륙 침공으로 이어지던 격동기에 제2수직갱도를 깊이 636미터까지 연장하는 데 성공했다. 태평양전쟁이 발발한 1941년에는 40만 톤 이상을 생산해냈다. 일본제국과 미쓰비시는 2인 3각이 되어서 생산량을 비약적으로 늘렸다.

어떤 성공도 사람 없이는 불가능하다. 석탄을 가장 많이 생산한 1941년에 하시마 탄광 노동자는 1800명을 넘었으며, 이 가운데 한반도와 중국에서 데려온 노동자를 포함한 광부가 1420명에 달했다. 1950년대 후반에는 광부와 그 가족을 비롯하여 여러 상점의 주인, 의사, 간호사 등 5000명 이상이 작은 섬에 살았다.

섬의 북부에 주택과 복지, 오락 시설이 집중되어 있었으며, 한때 하시마는 일본에서 인구밀도가 가장 높은 지역이기도 했다. 지금은 건물의 목조는 무너지고 철근은 부식되어 마치 전쟁이 휩쓸고 지나간 것처럼 방치되어 있지만, 생활용품 잔해와 부서진 가구 등이 과거에 사람이 살았음을 말해준다.

바다 아래 600미터 깊이까지 내려가 오로지 석탄을 캐고 나르던 광부에게 일상이란 어떤 의미였을까? 그들은 어떤 마음으로 가혹한 노동을 견뎌냈을까? 햇빛도 들지 않는 건물 하층부를 바라보고 있자니 영원히 버려진 광부들의 현실이 떠올랐다.

군함도는 과거에 존재했던 계층 질서를 공간적으로 표현하고 있다. 볕이 잘 들고 전망도 좋은 빌딩 상층부나 섬 중앙의 고지대에는 상급자와 임원이, 하층부에는 광부와 그 가족이 거주하는 구조이다. 이런 의미에서 일본이라는 국가의 축소판이라고 할 수 있다. 식산흥업殖産興業◆과 부국강병, 풍요와 번영, 발전과 성장이라는 일본의 꿈이, 그러나 그 반대였던 가혹한 현실이 응축되어 있다.

◆ '생산을 늘리고 산업을 일으키다'라는 뜻으로, 메이지 초기 서구 열강에 대항하기 위해 일본 정부가 세운 목표를 담고 있다.

연기에 우는 달
-근대의 비명 소리

"달이 떴다, 떴다, 달이 떴다. 얼씨구절씨구. 미이케 탄광 위에 떴다. 굴뚝이 이리 높으니 필시 달님도 매캐하겠지. 얼씨구절씨구."

이제는 아무도 부르지 않는 탄광가의 구절이다. 이 노래는 한국전쟁이 한창이던 1951년에 제1회 홍백가합전 라디오 방송에서 게이샤 가수 아카사카 고우메赤坂小梅가 부른 국민 응원가였다. 그 시절, 고에몬부로五右衛門風呂(부뚜막에 거는 철제 목욕통)에서 올라온 뜨거운 김에 뿌옇게 흐려진 달에게 말을 걸듯 노래를 부르던 어른들의 구성진 목소리가 아직도 기억난다.

부활한 탄광가

탄광가의 인기는 석탄 산업이 전후 부흥을 뒷받침하는 기간산업으로 되살아났음을 의미했다. 세계대전에서 패배하며 일본제국이 꾼 부국강병의 꿈이 박살났다. 이때 괴멸적 타격을 입었던 석탄 산업이 불과 10년도 지나지 않아서 다시 각광을 받게 되었다. 사람들은 석탄을 '검은 다이아몬드'라고 불렀고, 침체되었던 탄광도 활기를 되찾았다. 전국의 탄광 중에서도 가장 활황인 곳이자 탄광가 가사에도 등장한 미이케 탄광은 상징적인 존재였다. 그러나 한국전쟁 특수도 잠시, 금세 불황이 찾아왔다. 이후 탄광은 내리막길에서 벗어나지 못했다.

석탄 산업의 침체는 미군 점령하에서 이른바 역코스*와 함께 시작되었다. 미국은 공산주의에 대한 방파제로 일본 부흥을 선택했고, 그 결정적 수단 중 하나가 「태평양안제유소太平洋岸製油所의 조업 재개 및 원유 수입에 관한 각서」 발표다. 원유 수입을 재개해 일본의 주요 에너지원을 석탄에서 석유로 바꿀 것이라는 뜻이었다.

미이케 탄광은 에너지 전환과 국책 변경에 농락당하는 주전장主戰場이 되었다. 그곳에서 전후 최대의 노동쟁의― '총자본과 총노동의 싸움'이라고 불렸다―인 미이케 쟁의(1959~60)가 일어난다. 그리고 이 싸움에서 가장 큰 피해를 본 곳도 미이케 탄광이다.

고도성장 가도를 달리던 1962년, 석탄광업조사단은 석탄 산업의 전망을 하향 조정하는 조치를 단행했다. "석탄이 중유에 대항할 수 없는" 상황을 기정사실화하고, "석탄광업이 초래할 국민경제적 손실과 영향"을 고려해 펼친 이 정책은 탄광의 구조조정과 안전 경시를 초래했다. 그 결과 전후 최악의 탄광 사고인 미카와 탄광 폭발 사고(1963)를 불러왔다. 458명이 숨지고 839명이 일산화탄소에 중독된 대참사. 흑백 텔레비전으로 본 그날의 비참한 광경이 지금도 기억에 강렬하게 남아 있다.

그러나 이번에 찾아간 후쿠오카현 오무타와 구마모토현 아라오는 보는 사람이 겸연쩍을 정도로 밝은 분위기였다. 미이케 항구, 미스미니시 항구, 미야노하라 갱, 만다 갱, 철도 터 등 미이케 탄광 관련 자산이 세계 유산으로 등록되면서 관광객이 몰려들 것이라는 기대가 커졌기 때문이다.

◆ 逆course. 역사의 진행 방향, 진보에 역행하는 일.

행정기관과 시민이 손발을 맞춰 지역을 부흥시킨다는 목표를 세웠다. 시청 직원과 과거에 탄광에서 일했던 가이드, 폐광 애호가로 구성된 자원봉사자까지 모두 탄광을 자랑으로 여기고 있었다. 폐허가 지역 활성화의 마지막 희망으로 부활하여 애향심을 불어넣었다. 과거에 미이케 탄광은 식산흥업과 부국강병, 그리고 전후 부흥과 번영에 공헌했다. 일본 제일의 탄광이자 성장의 견인차였다.

여자들의 비가

1889년, 관에서 운영하던 미이케 탄광이 미쓰이* 재벌에 불하된 후로 광업은 미쓰이 재벌의 핵심 사업으로 자리 잡았다. 이를 이끈 인물이 혈맹단 사건** 때 흉탄을 맞고 쓰러진 단 다쿠마団琢磨이다. 그는 당시 최첨단의 대형 배수 펌프와 갑문식 수문을 갖춘 미이케 항구를 건설하는 등 석탄 채굴과 운반 기술을 비약적으로 발전시켰다.

역시 세계 유산으로 등록된 미야노하라 갱에도 수직갱도의 강철 망루(1901년 건설)가 무너진 벽과 건물을 내려다보듯 우뚝 솟아 있다.

또 하나의 세계 유산으로, 미쓰이가 위신을 걸고 만든 만다 갱은 동양 제일을 자랑하며 미야노하라 갱의 강철 망루보다 높게 솟아 있었다. 탄광 관련 자산 중 보존 정비가 가장 잘 되어 있다는 만다 갱

◆　미쓰이는 미쓰코시, 미쓰이 은행의 모체인 미쓰이에치고야三井越後屋를 원류로 하는 일본 3대 재벌 중 하나이다.
◆◆　게쓰메이단지켄血盟団事件. 1932년 2~3월에 일어난 테러, 정치 암살 사건. 우익 운동사의 흐름 속에서 언급되는 경우가 많은데, 단 다쿠마 암살은 미쓰이 재벌의 달러 투기에 대한 반감 혹은 「노동조합법」을 선두에서 반대한 것에 대한 보복이라는 설도 있다.

터에서 무엇보다 시선을 끈 것은 붉은 벽돌로 만든 광의 입구이다. 여기저기 잡초가 자란 벽돌 건물의 차가운 감촉을 느끼며 귀를 기울이면 광부의 신음 소리가 들리는 듯했다. 하지만 곧 관광객의 웃음소리와 나이든 가이드의 새된 소리가 나를 현실로 돌려놓았다.

"대륙에서 강제로 연행된 사람이나 죄수를 동원해 사람을 소나 말처럼 부리고, 때리고 죽이고 바닥으로 내팽개친 것도 분명 이 땅에서 벌어진 현실"(이노우에 게이코井上佳子)이다. 생산을 떠받친 사람기둥人柱이 없었다면 빛과 밝음, 번영과 성장도 불가능했다.

사람기둥은 남자들만의 세계가 아니다. 여성이야말로 탄광의 주요 자원이었다. 알몸에 육척 띠 하나를 두르고 갱 안에서 일하던 여성. 탄광가는 그들이 부른 〈이타바우치센탄우타伊田場打選炭唄〉라는 노래에서 탄생했다. 탄광가의 2절을 들어보자. "당신이 그런 마음으로 말한다면(요이요이) 단념할게요, 헤어질게요. 원래의 18살 처녀로 돌려준다면 헤어질게요(사노요이요이)." 학대받고 멸시받은 여성들의 비가였던 탄광가가 전후 부흥의 응원가로 되살아났으니, 이 무슨 역설인가. 1917년 22살에 단가短歌 결사지인 『아라라기アララギ』에 가입하고 26살에 요절한 탄광가인炭坑歌人 야마구치 고노무山口好의 노래 〈낙반에 짓눌려 뭉개지는 여인을 본다. 등불 아래서〉는 그들의 비명을 이야기한다. 그 마음을 가슴에 품고 미야노하라 갱의 굴뚝을 올려다보니, 그것이 무엇을 나타내는지 알 것 같았다. 굴뚝은 세차게 달려가는 근대 일본의 상징이며, 달은 굴뚝이 토해내는 연기에 휩싸여 비애를 씹을 수밖에 없었던 탄광 노동자들을 나타낸다.

산하가 무너진 곳에
국가가 있으니

　일본의 근대는 석탄 채굴에서 시작되었다. 이후 석탄을 싼값에 수입할 수 있게 되었고, 다시 석유, 천연가스, 원자력 등을 섞은 에너지 믹스(전원구성電源構成)의 시대로 이동했다. 모든 과정에서 에너지가 곧 국가라는 기본 방침은 변하지 않았다. 특히 국책민영의 꽃으로 원자력 발전(핵 에너지)이 각광을 받았다. 국가는 석탄의 300만 배에 달하는 에너지를 생산하는 우라늄235에 군침을 흘렸다.

구마모토현 아라오시
미이케 탄광 만다 갱에서

과오의 묘비

국가와 기업만 핵에너지에 미래를 걸었던 것은 아니다. 어른, 아이할 것 없이 온 국민이 마법의 에너지에서 희망을 찾으려 했다.

"원자력. 밝은 미래의 에너지." 원전 사고 이후 '귀환 곤란 지역'으로 지정된 후쿠시마현 후타바초의 상점가 입구에 서 있는 커다란 간판에 이렇게 쓰여 있다. 2015년 말, 내가 후쿠시마현 하마도리를 찾았을 때 거리에는 가루눈이 날리고 있었다. 안내를 맡은 오누마 유지大沼勇治는 마치 묘비라도 바라보듯 간판을 올려다보았다. 그는 회한에 잠겨 "무슨 일이 있어도 저걸 남기고 싶습니다"라고 했다.

이 표어는 후타바초에서 주최한 원자력 발전에 관한 인식 고양 공모전의 수상작으로, 작성자는 소년 시절의 오누마 유지였다. 원자력의 미래에 대한 그의 꿈은 무참히 배신당했다. 간판 바로 앞에 오루덴카オール電化♦ 연립 주택을 짓고 도쿄전력 직원을 상대로 장사를 시작한 바로 그 순간, 원전 사고가 터졌기 때문이다. 그는 그동안 이룬모든 것을 포기하고 피난을 가야 했다. 오누마에게는 자신이 만든 표어가 과오의 묘비처럼 보였으리라. 하지만 누가 그것을 비웃을 수 있을까?

원전 사고로 인생이 나락으로 떨어졌지만 필사적으로 의미를 찾으며 살고 있는 사람이 또 있다. 요시자와 마사미吉沢正巳는 후쿠시마원자력 발전소에서 14킬로미터 떨어진 나미에초에 목장을 열었다.

♦ 요리, 난방, 온수, 목욕 등의 생활에 오로지 전기만 쓰는 주택 건설 방식이다. 보통은목욕과 온수, 요리에는 가스를 쓰고, 난방은 가스와 전기를 병용하는 경우가 많다.

지진으로 땅이 크게 갈라진 목장 입구에는 고장난 포클레인이 있었다. 거기에 스프레이로 크게 써놓은 "결사구명, 단결!" 구호가 눈에 박혔다. 목장에 풀어놓은 소들은 축사에 가둬놓은 소와 달리 활력이 넘쳤다. 하지만 이 소들은 방사선에 피폭당한 뒤 '움직이는 원전 쓰레기'로 분류되어 살처분 대상으로 지정된 상태였다. 굶어 죽느냐 살처분이냐, 둘 중 하나를 선택해야 하는 상황이다. 이 소들을 살려내 원전 사고의 비참함을 후세에 전하고 절망을 희망으로 바꾸는 것이 요시자와 마사미의 '희망의 목장 후쿠시마' 프로젝트이다.

농성 천막 같은 사무실에서 요시자와와 마주 앉았다. 그는 때로는 굳은살이 박힌 손으로 눈물을 훔치고, 때로는 스스로를 타이르듯 말하며 한 시간 넘게 가슴속 이야기를 들려주었다. 경계 지역 안에서 사육하던 소 3500마리와 돼지 3만 마리 중 절반이 굶어 죽었으며, 닭 44만 마리도 같은 운명을 맞이했다. 죽은 가축을 도시에 방치된 개와 돼지가 먹어치웠다. 도시가 생지옥으로 변한 상황. 베코야ベコ屋◆인 요시자와에게는 죽고 싶을 정도로 괴로운 광경이었으리라.

그의 입에서 나온 기민棄民이라는 단어가 여전히 귓가에 울린다. 목장은 만주 개척민이 되어 중국으로 이주했다가 기민이 된 요시자와의 아버지 마사미正三가 일본으로 돌아와 개척한 땅이다. 만주와 원전, 둘 다 일본의 국책이다. 요시자와 가족은 2대에 걸쳐 국가에 농락당한 셈이다. 그의 어깨 너머로 후쿠시마 원전이 보였다.

◆ 소를 기르는 직업을 뜻하는 일본 도호쿠 지방의 사투리이다.

사람기둥의 눈물

다음 날에도 가루눈이 흩날렸다. 드디어 원자력 발전소 안으로 들어간다는 생각에 살짝 긴장되었다. 안내를 맡은 도쿄전력의 사원도 긴장해 있었다. 그들이 준비해놓은 검문을 일일이 통과하느라 취재는 더디게 진행되었다.

제1원전 정문에 세워진 대형 휴게소 2층 식당에서 작업자들이 따뜻한 요리를 배식받고 있었다. 시끌벅적한 식당 안은 여느 평범한 회사의 구내식당과 다를 바 없었다. 여기가 정말 사고 현장이 맞나 싶을 정도였다.

발전소 구역 안에서 한 제염과 페이싱◆ 작업이 효과를 본 덕인지, 2015년에는 모든 작업자의 누적 피폭량이 상한선인 연간 50밀리시버트를 밑돌았다. 지금은 1~4호기 주변을 제외한 원자력 발전소 부지의 90퍼센트 이상에서 마스크를 쓰지 않고 일한다.◆◆ 하지만 "안전을 확신할 수 있는 방사선 피폭량의 역치는 존재하지 않는다"(야마모토 요시타카山本義隆)는 주장도 만만치 않다. 제1원전에서 일하는 이들에게 만발성 장애◆◆◆가 나타나지 않을 것이라고 아무도 확신할 수 없다.

◆ 아스팔트 포장 등 외장을 덧씌우는 오염 처리 방식이다. 페이싱을 통해 오염 물질의 확산을 막을 수 있다.

◆◆ 마스크를 착용하지 않아도 된다는 것은 소위 '핫파티클hot particle'로 불리는 방사성 원소들로 이루어진 작은 파편이나 방사성 원소를 포함한 먼지, 미세먼지 등의 공중 부유물이 호흡기를 통해 체내로 들어올 가능성이 낮아졌다는 뜻이다.

◆◆◆ 저선량 피폭의 경우, 증상이 즉시 나타나지 않고 한참 뒤에 후유증처럼 나타나 장애를 일으킨다.

후쿠시마
제1원전에서

작업 환경이 개선되었음은 분명하다. 하지만 원자로 압력 용기 바깥으로 빠져나온 연료봉이 회수되지 않은 1~3호기의 방사선량은 여전히 높으며, 원자로 건물 내부에서 장시간 일하는 것도 불가능하다.

엄청나게 넓은 발전소 구역과 어디를 가든 빽빽하게 들어찬 오염수 탱크가, 그리고 그 탱크 사이를 헤집으며 뻗은 배관 파이프가 나를 놀라게 했다. 이 세상 풍경이 아닌 것 같았다.

탱크 해체 작업이 한창인 H2 구역을 취재하다 군함도에서 본 폐허가 떠올랐다. 무너진 건물 벽에 적혀 있던 말이 번쩍였다. "그로부터 몇 십 년인가! 하시마는 황폐해질 대로 황폐해졌으며 썩어 문드러졌다. 이제 섬은 되살아나지 않는다."

2017년 10월 현재, 후쿠시마 시민 4명 중 1명에 해당하는 5만 5000명이 피난 중이며, 사고 전에 살던 곳으로 돌아가겠다는 귀환 희망자는 거의 없다. '산하가 무너진 곳에 국가가 있으니'라고 해야 할까.

오누마와 요시자와처럼 '잃어버린 땅을 되찾는 데失地回復' 나선 이들의 바람은, 앞으로 계속 그곳에서 살아가는 것이다. 그 바람이 다음 세대로 이어지는 한, 국책에 동원된 사람기둥의 역사 또한 기억에서 지워지지 않을 것이다. 눈에 보이는 탄진炭塵에서 눈에 보이지 않는 방사능까지, '에너지가 곧 국가다'라는 국책이 걸어온 길에는 수많은 사람기둥의 피와 땀과 눈물이 배어 있다.

2

빈곤과 격차의
미래

1 - 도쿄 미나토구 향토자료관
2 - 구마모토현 구마무라

패망의 발전
—풍요 속의 어린 희생자

과거에는 전쟁이 아동과 청소년의 생존을 위협했다면, 현대 일본의 어린 희생자는 빈곤으로 인해 위기에 처해 있다. 거리에서 밥을 구걸하는 4살 아이, 자동판매기에서 나오는 온기에 기대어 잠을 자던 어린 형제 등 비참한 상황을 전하는 뉴스가 끊이지 않는다. 2015년 일본 아동의 상대적 빈곤율은 13.9퍼센트(후생노동성 '헤이세이 28년 국민생활 기초조사')에 달하여 OECD 평균을 웃돌았다. 그런데 왜 이렇게까지 아이들의 빈곤을 무시해왔을까?

극단의 시대

패전한 지 얼마 지나지 않았을 무렵, 작가 오사라기 지로大佛次郎는 영국인 지인에게서 "왜 일본인은 부랑아를 그냥 보고 있느냐"라는 질문을 받았다고 한다. 그 자리에서는 경제 사정 때문이라고 대답했지만, 솔직한 답이 아니었다고 고백한다. 그는 "일본인은 다른 나라 사람보다 애정이 샘솟는 바닥이 얕기"(존 다우어John Dower) 때문이라고 말했다. 지금도 타인에 대한 애정 부족이 어린 희생자를 낳고 있다.

왜 세계에서 가장 풍요로운 나라라는 일본에서 아동 7명 중의 1명이 빈곤에 처해 있는 것일까. 그 배경에 빈곤을 낳는 풍요가 자리 잡고 있다. 풍요는 어린이와 한부모가정 같은 사회의 가장 약한 부분을 먹고 자라기 때문이다. 풍요는 극단적인 부의 쏠림을 초래하며 거대한 격차를 낳는다. 여기에서는 오직 부로서만 부를 재생산할 수 있다.

소득 상위 10퍼센트의 국민이 전체 부의 40퍼센트를 가진 격차 사회이자 불평등 사회. 이것이 오늘의 일본이다. 이 결과는 비록 비현실적일지언정 상대적 박탈감은 적었던 '1억 총중류 사회'가 그렸던 미래와 굉장히 다르다. 이를 두고 토마 피케티Thomas Piketty는『21세기 자본』에서 "20세기에 격차를 줄일 수 있었던 이유는 전쟁으로 인한 혼돈과 거기에 동반된 경제적, 정치적 충격" 때문이며 "과거를 지우고 백지 상태에서 사회를 재시동할 수 있었던 배경은 민주적 합리성이나 경제적 합리성이 아니라 전쟁이다"라고 설명했다. 그렇다면 격차와 불평등은 전쟁의 기억이 희미해짐에 따라 점점 더 확대된다고 보아야 할까?

자산을 소유한 중산층의 대두는 20세기에 부를 재분배할 수 있었던 중요한 구조 변화였다. 그러나 이제 그 영향이 희미해지면서 자본주의는 본래 모습으로 돌아가고 있다. 오늘날 격차는 계층 사이에만 있지 않다. 이는 사람이 사는 장소를 두고 벌어진다. 에릭 홉스봄이 말한 극단의 시대가 재현되었다.

2014년 총무성이 발표한 전국 1741개 시구정촌市區町村의 소득(납세 의무자 1명당 소득) 자료에 따르면, 일본에서 평균 소득이 가장 높은 지역은 도쿄도 미나토구(1266만 7019엔)이며 가장 낮은 지역은 구마모토현 구마무라(193만 8974엔)이다.

한쪽은 일본 평균 소득의 2배 이상을 벌지만 반대쪽은 워킹 푸어 수준이다. 양쪽의 차이가 6배를 넘어, 같은 나라에 속한다고 보기 힘들 정도다. 더 이상 국민 총소득과 국민 총생산 개념이 성립하지 않는다.

반짝이는 야경

과거에는 이런 격차가 없었을까? 그렇지도 않다. 100년 전 일본은 가장 부유한 10퍼센트가 거의 모든 부를 소유한 시대였다. 이 사회에서는 중산층 40퍼센트와 하류층 50퍼센트가 비슷하게 가난했다.

중류 사회가 '가장 조악하며 볼품없는 구조'의 주택으로 형상화되어 도쿄 변두리에 등장하는 모습을 보고, 나쓰메 소세키는 "패망의 발전"(『그 후』)이라 이름 붙였다. 그것이 100년이 지난 지금 미나토구와 구마무라의 아찔한 격차로 되살아났다.

여기에서 묻지 않고는 견딜 수 없는 질문이 하나 있다. 그래서 미나토구는 구마무라보다 6배 더 행복한가? 구마무라는 미나토구보다 6배 더 불행한가?

미나토구 롯본기에 우뚝 솟은 롯본기힐스의 도쿄시티뷰(52층 실내 전망층)로 올라갔다. 그곳에서 내려다본 도쿄의 밤거리는 장대한 플라네타륨planetarium 같았다. 소세키가 절망했던 가장 조악하며 볼품없는 구조는 어둠에 가려진 채, 수많은 별들이 지표면에서 반짝이고 있었다.

동쪽 시오도메·오다이바 방면에는 도라노몬힐스와 도쿄타워가 더 높이 솟아 있고, 서쪽 시부야·아오야마·신주쿠 방면에는 수도고속 3호 시부야선이 황금강처럼 위에서 아래로 이어진다. 오른쪽에는 아오야마레이엔青山靈園◆이 있고, 그 앞에는 신주쿠의 고층 빌딩이 빛의 향연을 즐기듯 서 있다.

◆ 아오야마에 있는 공동묘지.

일본에서 가장 높은 소득을 자랑하는 미나토구는 비즈니스의 중심이며 메트로폴리스 구상의 핵심 지역이다. 또한 도쿄 속의 도쿄라 할 수 있는 최첨단 지구이다. 주일 미국대사관을 비롯하여 각국 대사관과 외국계 기업, 최신 복합 상업시설, 세계적인 호텔 체인이 집중되어 있으며, 여러 텔레비전 방송국의 본사가 모여 있다. 도심 공동화 현상으로 인해 밤에는 인구수가 낮의 4분의 1로 줄어들지만, 그럼에도 결코 잠들지 않는다. 이곳은 풍요 그 자체라 할 만하다.

풍요로운 곳으로 사람이 모이는 것은 당연한 일이다. 2000년대에 들어서도 미나토구의 인구는 계속 증가했다. 일본 전체의 연령별 인구 분포와 달리, 20~40대가 50퍼센트를 차지한다. 미나토구는 인구 감소와 저출산·고령화의 압박에서 벗어나 활력과 에너지로 가득 차 있다.

하지만 미나토구가 항상 풍요로웠던 것은 아니다. 이곳도 한때는 빈곤을 품고 있었다. 일본에서 가장 풍요로운 곳이 언제, 왜 빈곤했을까? 그 이유를 알기 위해 미나토구 향토자료관을 방문했다. 밤낮 없이 반짝이는 이 지역에 '향토'라는 이름이 붙은 구립 자료관이 있다는 사실이 어색했지만, 미나토구를 다시 읽기 위해서는 꼭 가야만 했다.

기민과 멸시
─제 몸뚱어리 크기만큼의 미래

JR다마치 역에서 도보 5분 거리에 미나토 구립 미타도서관이 있다. 도서관 4층이 향토자료관이다. 일본에서 가장 '풍요롭다'는 미나토구의 향토자료관. 호화로운 건물일 것이라는 예상과 달리 몹시 오래된 건물이 서 있었다. 그 모습이 주변 풍경과는 어울리지 않았다.

자료관 주사인 다카야마 유高山優와 문화재보호조사원 히라타 히데카쓰平田秀勝가 마치 사료 편찬 연구원처럼 에도 시대까지 거슬러 올라가는 미나토구의 시작과 변화를 설명해주었다.

제국의 수도와 슬럼

두 사람의 설명을 들으며 나는 빽빽하게 들어선 수많은 다이묘大名* 저택과 신사와 불당을, 동시에 미나토구 동쪽에 넓게 퍼진 빈민굴을 그려보았다. 중심과 주변, 성聖과 천賤, 빈과 부가 공존하던 미나토구의 모습을 말이다.

이 구조는 근대에도 재생산되었다. 메이지 시대에 시바신모초는 제도帝都 3대 슬럼(시타야만넨초, 요쓰야사메가하시, 시바신모초) 가운데 하나로 알려졌다. 이 구역은 제1게이힌국도, 수도고속도로, 그리고 JR선으로 둘러싸인 하마마쓰초 2초메의 남쪽 절반에 해당한다. 지금

◆ 12세기 헤이안 시대 말기에 등장하여 19세기 말까지 각 지방의 영토를 다스리고 권력을 행사하던 유력자이다. 에도 시대에는 자신의 성에서 가신들을 거느리고 봉건 영주의 삶을 살았다. 메이지 유신으로 영지의 통치권을 정부에 반납하고 귀족이 되었다.

이곳에는 회사원들이 근심을 씻기 좋은 술집이 늘어서 있다. 365일 불이 꺼지지 않는 번화가가 제국 수도의 최하층 빈민들이 살던 '일본 제1의 쓰레기장'이었다는 사실은 상상하기 힘들다.

시바신모초에 빈민만 모여 있던 것은 아니다. 토목 공사나 하역 일을 하던 날품팔이, 인력거꾼, 짐수레꾼, 막일꾼, 넝마주이, 관상쟁이, 나막신 굽갈이, 거리의 이야기꾼, 춤꾼, 탁발승 같은 세상의 온갖 생업에 종사하는 영세민이 모여 있었다. 비참하고 악취를 풍기며 극도로 비위생적인 환경에서 그들은 비공식 부문informal sector에 속하는 생업으로 겨우 살아남을 수 있었다.

그들은 도시의 골칫덩이였을 뿐, 결코 구제의 대상이 되지 못했다. 1874년, 오늘날의 「생활보호법」에 해당하는 「환난구휼의 규칙」이 제정되었으나 이는 홀몸의 극빈자만 대상으로 삼았다. 오히려 빈민, 즉 하층민은 놀고먹는 사람, 무위도식자로 간주해 엄격한 제한구제주의가 적용되었다. 남구濫救(요건을 충족시키지 못한 사람까지 보호하는 일)는 저소득층을 지원에 의존하게 만들어, 결과적으로 게으른 사람이 늘어날 것이라고 보았다.

이렇게 약자를 잘라내고 사회보장을 제한적으로—그 결과 효율적으로—운용해야 한다는 은혜주의적 사고*가 오늘에 이르기까지 복지 정책의 구실로 이어지고 있다. 아동 빈곤이 7명 중 1명의 비율로 늘어나고 한부모가정의 50퍼센트가 빈곤층으로 떨어졌지만, 어찌

◆ 복지가 사회 구성원의 권리나 국가의 의무가 아니라, 마음이 따뜻한 윗사람의 은혜라는 사고방식이다.

하여 정부뿐 아니라 세상의 움직임 또한 이렇게 둔한 것일까. 그 밑바탕에는 "일본인의 의식 저 깊숙한 곳에 빈자에 대한 윤리적인 멸시"(기다 준이치로紀田順一郎)가 있는 것 아닐까. 그래서 "경제적 실패자가 곧 도덕적 패배자"(마쓰자와 유사쿠松沢裕作)라고 여기는 것 아닐까.

도덕적 패배자인 빈민과 하층민에 대한 조치는 '추방'과 '분산'이다. 대규모 도시 화재와 지진, 전쟁을 겪은 후 재개발 과정에서 그들은 도쿄 3대 슬럼에서 기타토시마군(현재의 이타바시, 아라카와, 도시마구)으로 한 번 더 밀려났다. 그리고 미나토구는 빈곤의 기색조차 느낄 수 없는 부촌으로 변했다.

모럴 이코노미

1인당 소득이 미나토구의 6분의 1 수준인 구마모토현 구마무라는 극단적으로 빈곤한 지역일까? 구마무라는 구마모토현 남부 구마강 중류에 위치한 작은 마을이다. 에도 시대에는 사가라 번에 속했고, 1889년 정촌제 실시 이후 와타리무라, 잇쇼치무라, 고노세무라로 행정구역이 나뉘었다가, 1954년의 정촌 합병을 계기로 구마무라가 되었다. 구마무라의 주요 산업은 임업과 농업이다. 이 말을 듣고 구마무라를 산중의 촌스럽고 가난한 동네라고 생각할지도 모른다.

에메랄드빛 구마강의 지류인 나라강을 따라 굽이치는 길을 올라가면 옅은 연무가 피어오르는 가운데 크고 작은 여러 모양의 계단식 논이 눈앞에 펼쳐진다. "이곳이 바로 도원향이구나" 감탄하며 풍경에 취한 사이에 '시골 체험 교류관 산가우라'에 도착했다.

폐교를 활용하여 만든 산가우라는 향수를 자아내는 옛 학교의 모

**구마무라의
계단식 논에서**

습을 간직하고 있다. 이곳을 운영하는 도미나가 도시오富永敏夫는 구
마무라에서 태어나 오랫동안 간토 지방에서 생활하다가 53살에 마
을로 돌아왔다. 지역의 역사에 조예가 깊고 일본과 세계의 정세에도
정통한 도미나가 도시오가 들려주는 구마무라의 생활상은 도쿄의
빈곤과 확실히 달랐다.

　구마무라에는 이른바 모럴 이코노미moral economy˚가 남아 있었
다. 시장 경제에 완전히 흡수되지 않고 농촌 사회의 공동체적 가치와
윤리가 규범으로서 힘을 유지하고 있었다. 주민들 사이의 공동체적

노동 관행, 호혜적 분배 관계, 빈곤의 공유 등 일상 위에 세운 사회관계도 그대로였다.

계단식 논은 숯을 굽고, 사슴과 멧돼지 수렵으로 살던 산촌 사람들이, 몇 세대에 걸쳐 돌로 울타리를 쌓아올린 끝에 만들어낸 유산이다. 이곳 사람들의 집념이라 할 수 있는 공동 작업을 통해 공동체적 가치와 윤리가 형성되고 계승되었다. 또한 구마무라는 계단식 논에서 나는 쌀과 야채, 샘물, 사슴 고기, 멧돼지 고기, 목탄(숯) 등 화폐로 환산할 수 없는 생활양식을 잘 갖추고 있다.

그런 구마무라이지만 인구 감소의 파도는 피할 수 없었다. 1955년 1만 2833명을 정점으로 인구가 줄어들기 시작했다. 전국 추세와 비교할 때, 반세기나 일찍 감소가 시작되었다. 현재 구마무라의 인구는 4000명 아래로 떨어졌다. 어떻게 보면 구마무라는 일본의 미래를 반세기나 앞서가고 있는 셈이다.

신생아 출생이 줄고 노인은 늘어나는 현상과 지역 경제의 수축, 산업의 쇠퇴는 지역의 황폐화를 염려해야 할 정도로 심각한 수준이다. 그럼에도 불구하고 도미나가를 비롯한 지역 주민들은 결코 비탄에 빠지지 않았다. 그들은 자연의 혜택과 마을의 전통, 지역의 자원을 활용하여 어떻게 하면 새로운 만남과 교류, 네트워크를 넓힐 수 있을지 고민했다. 이것이 구마무라의 새로운 지역 부흥 방식이다. 이는

◆ 산업화 이전부터 전승되어온 공동체의 경제 관념 및 생존 윤리를 말한다. 단기적 이윤이나 수익성보다는 장기적 안정성과 공존을 담보하는 상호 부조, 평등, 환대의 의무에 기반하며, 그러한 원리에 반하는 지배층의 권위에 대해서는 민중의 집단적 저항이 생겨난다(에드워드 톰슨Edward P. Thompson, 제임스 스콧James Scott).

도쿄를 중심으로 하는 메트로폴리스 구상과는 비교할 수 없을 정도로 작은 시도다. 하지만 그 안에서 제 눈높이에 맞는 모럴 이코노미의 미래를 찾을 수 있지 않을까. 이것이 격차와 빈곤을 바로잡는 실마리가 될지도 모른다.

3

인재를 만드는 궤적

1 - 도쿄 도쇼분코
2 - 니가타현 니가타대학 캠퍼스

개국과 통제의 이율배반
-메이지와 경쟁하는 현대

오늘날 대학을 둘러싼 양극화가 진행되고 있다. 대학의 우열을 구분해놓은 'G'와 'L'이 바로 그것이다. 'G'는 글로벌Global, 'L'은 로컬Local을 가리킨다. 더 말할 필요도 없이 'G'와 'L'은 같은 수준에서 병존하지 않는다. 'G'에 속하는 대학은 피라미드 꼭대기에 서 있으며 'L'에 속하는 대학은 피라미드의 바닥에 위치한다.

이 점은 문부과학성이 추진하는 '슈퍼 글로벌 대학 창성 지원 사업'을 봐도 분명히 알 수 있다. 국가는 세계 수준의 교육 연구 실적이 있는 대학, 혹은 선도적 변화로 국제화를 이끌 대학을 원한다. 슈퍼 글로벌 대학에 선정된 대학은 구 제국대학과 유명 사립대학을 포함하여 37곳에 불과하다. 거기에 속하지 못한 대학은 'L'로 떨어진다.

시대의 물결

'G' 대학이 국제화와 조직 개혁을 통해 교육과 연구 분야에서 강력한 경쟁력을 갖춘 소수의 엘리트 대학이라면, 'L' 대학은 지역 경제권에서 즉시 활용할 수 있는 인재 배출을 목표로 삼는다. 극단적으로 말하면 대학이라는 이름에 걸맞는 학문과 교육은 'G'에서만 받을 수 있으며, 'L'은 이름만 대학일 뿐 실제로는 직업 훈련소 역할을 한다.

경쟁력과 효율성, 생산성을 기준으로 갈라진 대학의 양극화 현상은 'L' 대학의 도태를 초래했다. 결국 'L' 대학 간의 통폐합이 강요될 것이고 일부는 문을 닫을 것이다. 문을 닫지 않더라도 교직원은 정리해고를 피할 수 없고, 타 대학과 전문학교 등으로 제 몸의 일부를 떼서 파는 일조차 낯설지 않게 될 것이다.

그렇다면 글로벌 대학이 육성하는 인재는 어떤 인물일까? 그는 자유로운 책임의 주체로서, 여러 영역에서 발생하는 불확실한 변화에 기민하게 적응할 수 있어야 한다. 또 자주적 판단력을 갖추고 유지하기 위해 항상 자기계발에 몰두해야 한다.

글로벌한 '개인 경력 모델'이 최근에 갑자기 유행한 것은 아니다. 과거에도 똑같았다. 서구화라는 이름의 문명개화가 불가피하다는 생각으로 근대 과학기술 도입을 장려하는 학교 제도를 확립한 과거, 바로 메이지 시대의 이야기이다. 메이지 국가 초기의 대표적인 양학자洋學者 후쿠자와 유키치福沢諭吉의 말을 빌리면, 개인 경력 모델은 보편적 과학 정신을 몸에 익힌 서양류의 사람이 되는 것이다.

1870년대 후반에는 양혼洋魂의 핵심인 자유와 민권에 대항하는 반동이 나타나기 시작하여, '앞선 시대의 통치 수단인 엄격주의에 입각한 유학儒學의 부활'이 추진되었다. 또 「제국헌법」 아래에서 「교육칙어」 체제가 만들어지고, 근대 일본의 교육 체계가 정비되기 시작했다.

막부 말 유신의 개국開國과 패전 후 개국에 이어, 현대 일본은 세 번째 개국이라 할 수 있는 글로벌화로 진입했다. 그리고 바로 지금, 우리는 1870년대 후반과 같은 상황을 목격하고 있다. 정부는 애국심을 고무하고 새로운 '공공의 정신'을 고양하는 의식을 학교에서 의무적으로 수행하게 한다. 또한 글로벌화를—메이지 시대의 서구화처럼—피할 수 없는 역사의 물결로 인식하면서, 동시에 사리사욕을 무제한적으로 허용하고 공공질서를 어지럽힌다고 간주되고 있다.

역사 교과서

'우리나라와 향토를 사랑하는' 태도를 기른다는 애국심과 '공공의 정신'이라는 문구를 담은 「개정 교육기본법」(2006)과 주어를 '국민'에서 '국가'로 바꾸려는 자민당의 「개헌 초안」 전문前文을 함께 읽으면 메이지 10년대(1877~86)에 진행된 공의여론公議興論에서 유사전제有司專制로의 전환*이 떠오른다.

이는 단순한 '복고'가 아니다. 글로벌화는 열린 사회를 국력의 원천으로 간주하기 때문이다. 앞에서 설명한 '슈퍼 글로벌 대학'에서 살펴본 것처럼, 교육 또한 국제화를 추진하는 방향으로 움직일 수밖에 없다. 하지만 세계로 향하는 문을 열면 열수록 닫고 싶어 하는 힘 또한 생겨나, 국가 안으로 향하는 구심력이 강해진다. 이 이율배반의 긴장감이 교육 현장에서 사용하는 교재 즉, 교과서의 내용에 선명하

◆ 에도 막부 말기부터 메이지 시대 초기까지 의회 제도를 도입하고 공의여론, 즉 공론으로 국가의 중요한 사항을 결정하자는 주장이 있었다. 이를 공의정체론이라고도 부른다. 처음에는 에도 막부에 번과 번주의 의견(여론)을 반영하자는 의미였으나 서양 사상이 유입되고 시대가 변함에 따라 뜻이 확장되었다.
메이지 정부가 수립될 때 발표한 「5개조 서문」에서는 "넓은 회의를 열어 중요한 일은 공론으로 결정"하는 공의여론을 내세웠다. 하지만 폐번치현 후 중앙집권이 진행되면서 공의여론은 유명무실해졌다.
메이지 6년 이후 정치를 특정 번 출신의 정치가 몇 명이 주도하자, 이를 비판하여 유사전제라 불렀다. 시기적으로는 1873년 메이지 6년 정변으로 오쿠보 도시미치大久保利通가 주도권을 잡은 때부터 「제국헌법」이 성립될 때까지를 가리킨다.

게 반영되었다. 교과서의 변화를 살펴보면 근대 일본이 현재에 이르기까지 어떤 인재를 원했으며 어떤 인간, 어떤 국민을 육성하려 했는지 알 수 있다는 말이다.

일본의 교육이 무엇을 지향하는지 알기 위해 나는 도쿄 기타구에 있는 도쇼분코東書文庫(도쿄서적 주식회사 부설 교과서 도서관)를 찾았다.

기타구의 유형 문화재이자 경제산업성이 근대 문화 산업 유산으로 지정한 도쇼분코 건물의 빛바랜 타일 외장이 고풍스럽고 단정한 느낌을 준다. 도쿄서적 창립 25주년 사업으로 기획되어 2·26사건◆이 일어난 해인 1936년 6월 25일에 준공되었다고 한다.

도쇼분코 개관 당시의 소장본은 약 5500권이었다. 중일전쟁이 발발한 다음 해인 1938년에 문부성으로부터 메이지 시대의 검정 교과서 등 4만 7000권을 기증받아 본격적인 교과서 도서관의 역사를 걷기 시작했다. 기적적으로 도쿄 공습의 참화를 피한 도쇼분코는 지금도 개관 당시의 모습을 간직하고 있다.

도서관장 아라이 도미야荒井登美也와 도쿄서적의 전무, 그리고 여러 사서가 나를 안내했다. '걸어다니는 교과서 사전'인 아라이 도미야의 일목요연한 설명을 듣고 서고로 들어가니, 엄청난 수의 소장 자료가 나를 압도했다. 교과서와 판목, 궤도, 원화 등 15만 점 이상의 자료는 하나같이 가치를 따질 수 없는 귀중한 것이었다.

류큐·오키나와와 식민지 타이완과 조선, 구 만주국을 비롯해 일

◆ 1936년 2월 26일 일본 군국주의자 청년 장교들이 일으킨 반란 사건이다. 다음 날 진압되었으나 1930년대 이후 일본의 군국주의화를 예고했다.

본제국의 힘이 닿은 지역에서 사용한 교과서와 참고서가 시대와 지역에 따라 구분되어 있었다. 바다를 건너간 교과서의 역사가 구체적인 자료가 되어 전해지고 있는 것이다.

그 가운데에서도 근대 국가로 출발한 메이지 초기의 사의私擬 교과서와 패전 직후에 문부성에서 발간한 교과서가 나의 관심을 끌었다. 사의 교과서는 학제 정비와 「교육칙어」 발포 이전, 다양한 교육 이념이 경쟁하던 시대에 민간에서 만든 교과서이다. 문부성 교과서는 1945년 패전 직후 열악한 경제 사정에도 불구하고 당시 문부성이 편집 발행한 아동용 참고서이다. 둘 다 위로부터의 통제가 느슨해진 시기에 만든 자유롭고 진보적인 교과서이다. 우리는 여기에서 국가의 목적에 종속되지 않은 교육의 가능성을 엿볼 수 있다.

도쿄분코에서

폐쇄되는 자유 공간
-모순에 멍드는 학생들

교육을 둘러싼 자유와 다양성이라는 관점에서 근대 일본의 역사를 돌이켜보면 기묘한 뒤틀림을 확인할 수 있다. 압도적인 외력이 일본의 미래를 압박하고 국가의 권한을 제약한 시기에, 역설적으로 자유로운 교육의 가능성이 열렸기 때문이다. 메이지 초기와 패전 직후의 점령기가 그랬다.

도쇼분코에 소장된 두 교과서가 바로 그 예이다. 국가의 개입과 통제가 느슨해졌기 때문에 교과서의 내용을 다양하게 해석할 수 있는 여지가 생겼고 이미지도 풍부하게 사용되었다.

다양성에서 연성으로

1872년(메이지 5년), 학제가 발포되고 전국의 학교가 문을 열었다. 대학을 중심으로 하는 학교 제도가 첫걸음을 내딛은 것이다. 정부는 "몸을 갈고닦아 지智를 열고 예藝를 기를 것"이라고 설명했다.◆ 교육의 목표는 신분의 차이 없이 입신立身·치산治産·창업創業에 힘쓰는 것이었다.

당시의 「소학교칙小學教則」으로 정해진 교과서는, 말하자면 상태가 들쭉날쭉한 사과가 섞인 상자 같았다. 사범학교와 문부성에서 편집

◆ 1872년 문부성이 발표한 「학사 장려에 관한 오오세이다사레쇼被仰出書」는 국민 개학, 교육의 기회 균등 등을 내용으로 한다.

하고 출판한 교과서와 후쿠자와 유키치가 쓴 일련의 계몽서(『서양사정西洋事情』, 『학문을 권함學問のすゝめ』, 『세계국진世界國盡』 등), 그리고 여러 지방에서 직접 출판한 교과서가 병존했다. 서양 열강의 위협에도 불구하고, 문명개화를 향해 돌진하는 메이지 초기의 교육은 똑같은 거푸집에 넣어 찍어내는 방식이 아니었다. 균일하지는 않지만 다양성이 넘치는 교육을 향해 있었다.

메이지 10년대가 되자 교과서도 전환기를 만나게 된다. 1879년(메이지 12년), 새 「교육령」이 공포되었다. 『교과서로 보는 근현대 일본의 교육』◆에 의하면, 이 시기에는 중앙의 통제가 더 완화되고 교육권한을 지방에 큰 폭으로 위임했다. 학제를 폐지하고 정촌마다 학교를 설치했으며, 선거로 선발된 학무위원이 학교를 관리했다. 마치 전후에 일반 투표로 교육위원을 선출했던 일을 떠올리게 하는 교육 방침이다. 당시 교과서는 번역 교과서 경향이 강했으나 다양성이 풍부했으며 활달하고 진취적이었다. 교과서에 담긴 지식을 흡수하려고 눈을 반짝이는 학생들의 모습이 눈앞에 그려진다.

자유민권 사상과 운동이 퇴조하자 복고적 도덕 교육과 국가의 통제·관리가 강화되었다. 교육에 대한 위로부터의 개입이 시작된 것이다. 「교육칙어」로 중앙집권적 교육 제도와 국민이 당연히 함양해야 할 덕성이 결정되었다. '존왕애국의 지기志氣'와 '정숙의 미덕', '국민됨의 지조'가 칭송되었다. 1886년에는 국민에게 덕성을 함양

◆ 에도 시대의 왕래물('데라코야'라는 민간 교육 기관에서 발행한 교과서), 메이지 시대의 소학독본, 수신서, 하나하토 독본, 사쿠라 독본, 전후 검정 교과서에서 현재의 「학습지도 요령 고시」까지 근현대 일본의 교육을 교과서를 중심으로 개괄한 획기적인 교육사 책이다.

하기 위해 교과서 검정 제도가 시작되었다.

청일전쟁을 지나 러일전쟁으로 향하며 국가주의가 점차 강해지던 1902년, 교과서 의옥 사건*이 일어났다. 이를 계기로 교과서를 국정화하자는 움직임이 한꺼번에 분출되었다. 그로부터 종전에 이르기까지 40여 년간 일본은 「소학 교과서 국정화」라는 법령을 통해 국정 교과서 시대를 경험하게 된다.

국정 교과서의 특징은 「국민학교령」에 나오는 연성鍊成이라는 말에 집약되어 있다. 연성은 '연마육성'의 줄임말이다. "아동의 도야성陶冶性을 출발점으로 하여 황국皇國의 길을 따라간다. 내면을 올바르게 갈고닦으며 아동의 모든 능력을 연마한다. 이를 통해 국민으로 육성한다"는 목표가 있었던 것이다.

획기적인 교과서

연성은 패전과 함께 사라졌다. 압도적인 '아메리카(미국)의 존재'가 일본 열도를 뒤덮자, 압력을 가하는 국가가 제거되고 다시 자유로운 교육의 공간이 열렸다. 작가 사카구치 안고坂口安吾는 1947년 『타락론』에서 전후 무뢰파無賴派**다운 어조로 패전이 가져다준 자유를 축복했다. 그러나 국체교육주의에 물든 사람들에게 이것은 굴욕에

◆ 의옥疑獄은 스캔들이라는 뜻이다. 학교 교과서 채택을 둘러싼 교과서 회사와 교과서 선정 담당자 간의 뇌물 수수 사건을 가리킨다. 이를 계기로 검정 교과서가 국정 교과서로 바뀌었으며, 이는 2차 세계대전까지 이어진다.

◆◆ 일본 근현대 문학사상의 한 조류로, 2차 세계대전 후 근대 기성 문학 전반을 비판한 일군의 작가를 가리킨다. 동인지나 단체가 있는 것은 아니고, 사카구치 안고의 신허작파新戲作派와 거의 같은 의미로 쓰인다.

불과했다.

　교육의 민주화와 함께 국정 교과서 제도가 폐지되고 교과서 편집을 민간에 맡기는 검정 교과서 제도로 이행했다. 여기에서 아주 획기적인 일이 일어났다. 문부성에서 종전 후 처음으로 『나라의 발자취國の歩み』(1946)라는 교과서를 간행한 것이다. 국가에서 만들었지만 이전과는 전혀 다른 교과서였다.

　전쟁 중에 나온 『초등과 국사初等科國史』와 『나라의 발자취』를 비교해보면 차이가 뚜렷하다. 무엇보다 『나라의 발자취』는 누구나 읽기 쉽다. 한자를 배제하고 히라가나*를 많이 썼다. 특히 아이에게 말을 거는 듯이 쉽게 설명한 방식이 인상적이다. 만방무비萬邦無比**로 통하는 일본 특수론은 자취를 감추었으며, 대신 일본이 세계 속 어디에 위치하는지를 상대화했다. 일본의 역사 또한 인류사 안에서 이해할 수 있도록 기술했다.

　『나라의 발자취』 뒤로도 문부성에서 교과서를 간행했지만, 아동용 참고서로 쓰임을 제한한 것도 있었다. 시안으로 만든 「학습지도요령 고시」도 어디까지나 교사용 안내서로 정의할 뿐 예전처럼 학교 교육의 기준으로 삼지 않았다.

　또 교육위원회 제도 아래 교육 행정의 지방 분권화가 진행되면서 교육 현장에서 각 지역의 특성을 살릴 수 있게 되었다. 미완으로 끝난 메이지 초기의 자유민권 사상과 운동이 귀중한 희생을 치른 끝에

◆　일본어는 히라가나와 가타카나라는 두 종류의 고유 문자와 한자로 표기되는데, 히라가나는 주로 고유어를, 가타카나는 외래어를 표기하는 데 사용한다.

◆◆　어디에도 견줄 만한 것이 없을 정도로 우월한 능력을 가진 사람을 뜻한다.

되살아났다고 말할 수 있다.

하지만 일본이 독립을 회복(1952)하자 상황은 다시 메이지 10년대로 돌아갔다. 전쟁 전에 외치던 수신修身을 부활시키자는 목소리가 커졌고, 전후 교육에 대한 재검토가 이루어졌다. 쇼와 30년대(1955~64)에는 「학습지도 요령 고시」의 법적 구속성이 명확해졌다. 동시에 교과서 검정이 엄격해져서 내용에 대한 상세한 검열이 이루어졌다.

쇼와 50년대(1975~84) 후반에는 편향 교육에 대한 비판이 촉발되었다. 일부 정치가는 교과서가 "권리만 강조하고 의무에 관해서는 거의 기술하지 않는다", "애국심에 관한 기술이 별로 없다"라면서 격렬하게 비난했다.

교과서와 이를 둘러싼 검정의 기준과 절차, 교사의 지도 방침 등 자질구레하고 번거로운 매뉴얼이 만들어졌다. 획일화를 위한 통제도 갈수록 심해졌다. 메이지 초기와 종전 직후에 펼쳐졌던 자유롭고 다양한 교육의 공간이 점점 폐쇄적인 공간으로 변해갔다.

통제와 획일화, 질서와 복종. 이 말들 사이에서 예전의 연마육성이 떠오르지 않는가? 지금도 세계화에 대한 대응으로 한쪽에서는 과도할 정도로 자유와 자기 책임에 바탕을 둔 개인 경력 모델을 내세우며 인간력人間力을 기르라고 외치고, 다른 쪽에서는 근대 일본의 교육에 착 달라붙어 있는 국가의 통제가 강화되고 있다.

브레이크와 액셀을 동시에 밟는 듯한 모순 속에서 교육의 주인공인 학생이 멍들고 있다.

신화의 붕괴, 흔들리는 대학
-성숙사회와 대학의 존재 의의

일본의 교육은 어디로 향하는가? 대학이라는 고등교육 기관의 행방에 일본 교육의 미래를 점치는 열쇠가 있다. 그렇다면 지금, 일본 대학에는 어떤 변화의 파도가 닥치고 있을까?

대학은 교육 제도의 마지막 관문이다. 그렇지만 대학 진학률이 50퍼센트에 달하는 상황에서 고등교육 기관이라는 의미는 유명무실해졌다. "학력 사회라는 사회 인식에 기대어 새로운 계층 질서가 전후 일본에 만들어졌다."(가리야 다케히코苅谷剛彦) 그 결과 일본 젊은이 2명 중 1명이 대학생이 되었으며, 고등교육 기관이라는 대학의 아성이 흔들리고 있다.

구조 개혁에 멍드는 대학

전후 고도성장기, 학력學力이라는 이름의 선발 자격을 얻기 위한 학력學歷은 사회적 상승의 기회를 제공했다. 그리고 이는 안정된 삶으로 이어진다는 '신화'를 만들었다. 가문, 신분, 혈통, 출신에 상관없이 학력 필터만 통과하면 그것이 제공하는 지위status를 획득하여 '다시 태어날 수 있다!' 변신에 대한 열망에 평등주의와 능력주의가 결합하면서 학력을 부여하는 기관인 대학으로 많은 젊은이가 모여들었다.

하지만 일본 경제는 저성장에서 제로 성장으로, 심지어 마이너스 성장으로 추락했다. 게다가 저출산과 고령화가 빠르게 진행되었다.

지금까지 학력에 의한 지위 획득(배분)과 이를 통한 사회 통합이 달라붙어 있었다면, 이제는 그 사이가 점점 벌어지고 있다.

학력과 사회적 지위를 획득하려면 높은 순위의 대학에 입학해야 한다. 그걸 이루기 위해 "열심히 노력하라", "열심히 하면 된다"는 신화(고다마 시게오小玉重夫)가 붕괴되었다. 사회적 지위로 신분을 보장하던 파이가 줄어들더니, 어느새 불가능해졌다. 대학은 더 이상 학력 부여 기관 역할에 안주할 수 없다.

그럼에도 많은 대학이 변화에 둔감했다. 문부과학성만 대처 방안을 내놓았다. 문부과학성의 대학 구조 개혁 방침은 지방 국립대학의 학부 통폐합으로 실현되었고, 2004년 국립대학 법인화로 열매를 맺었다. 대학의 법인화란 민간의 경영 기법을 도입하고 제3자의 평가를 받는 시장 원리에 노출되는 것을 의미했다.

여기에 발맞추어 학생 수와 교육 연구 활동을 근거로 산출되는 운영비 교부금 제도가 도입되었다. 국립대학은 경영체가 되어 점점 더 외부 자금에 의존하게 되었고, 산학 협력이 대학 존속에 직결되었다.

대학의 구조 개혁이 이어지고 있을 때 한 뉴스가 세상의 이목을 집중시켰다. 바로 2016년 2월에 보도된 '니가타대학, 2년간 교육 인사 원칙적 동결' 뉴스다. 도대체 니가타대학에서 무슨 일이 벌어진 것일까? 법인화된 국립대학의 전형적 문제가 니가타대학에서 표출된 것은 아닐까?

부국강국

과거에 일본을 대표하는 6곳의 의과대학* 중 하나로 손꼽히던 니가타대학 의학부와 치과 종합병원이 있는 아사히초 캠퍼스에는 역사와 전통을 보여주는 건물이 많다. 니가타 시내에 위치하여 교통편도 좋고 주변 환경도 잘 정비되어 있었다. 이에 비해 인문·교육·사회 계열과 자연과학 계열이 집중된 이가라시 캠퍼스는 니가타시 중심에서 차로 한참 가야 하는 곳에 있다. 주변 환경도 좋지 않아서, 학생들이 모일 만한 카페도 드물다. 내가 캠퍼스를 방문했을 때 옛 정문 앞에는 노동조합의 입간판이 서 있었다. 대학 내부에서 인사와 대우를 둘러싸고 벌어진 균열을 짐작할 수 있었다.

하마구치 사토시濱口哲 부학장은 이학계 연구자 특유의 말투로 니가타대학이 직면한 문제와 대응책을 설명해주었다. 그것은 운영비 교부금 감축과 그에 따른 재정난, 인사 동결, 조기 퇴직 제도 도입 등 예전에 내가 한 수도권 사립대학 학장으로 일하면서 고민한 문제와 비슷했다. 하지만 그보다 더 신경이 쓰인 것은 '인재 육성 목표', '목표 달성 프로그램', '점검과 평가', 그리고 '자기 긍정감'이라는 말이다. 나 역시 30여 년간 도쿄대학 등 여러 곳에서 학생들을 가르쳤다. 그러면서 '도대체 대학은 왜 존재하는 것일까', '학생은 어떤 목표와 가치를 가졌을까' 같은 기본 전제에 의문을 품었다. 일본 사회는 고도성장기가 끝난 후 공동의 목표와 가치를 잃어버렸다는 의심을 떨칠 수 없었기 때문이다.

지금으로부터 130년 전으로 거슬러 올라가 보자. 「사범학교령」과

◆ 구 6의대는 치바대학, 가나자와대학, 니가타대학, 오카야마대학, 나가사키대학, 구마모토대학을 가리킨다. 의과전문학교로 창립하여 의과대학을 거쳐 지금에 이르렀다.

「소·중학교령」에 앞서 공포된 「제국대학령」의 제1조는 "국가의 수요에 응하는 학술과 기예를 교수하고, 학술의 심오한 경지를 깊이 연구한다"고 정하고 있다. 오늘날 무엇이 "국가의 수요에 응한다"는 말을 대체했을까? 교육은 학생의 자유로운 선택에 맡겨져 있을까? 얼마나 많은 학생이 목표를 향해 스스로를 불사르고 있을까?

학력을 통해 지위와 신분을 획득할 수 있는 기회가 점점 줄어드는 가운데 대학의 힘 또한 쇠약해져만 간다. '도대체' '무엇을 위해'라는 질문에 답할 수 없다면, 그로 인해 텅 비어버린 부분을 어떻게 채워야 할까? 낡아빠진 부국강국이라는 말로는 불가능하다.

부국은 글로벌 시장 원리에 응하는 경쟁력으로서의 학력學力이며, 강국은 국가와 국기로 대변되는 애국심일 것이다. 그러나 이것은 힘이 없다. 고도성장기를 지나 성숙사회가 된 지금, 대학은 이 사회에 필요한 가치를 창조하는 터전이 되어야 한다. 지금 일본 사회는 가치의 공동화空洞化가 진행되고 있다. 그 빈 구멍을 메우려고 국가가 통제와 관리를 강화하고 있다. 법인화된 국립대학의 인문사회 계열 대학과 대학원 통폐합도 새로운 "국가의 수요에 응하는" "전쟁 전 체제로의 회귀"(무로이 나오室井尚)라 하겠다. 전쟁 전에도 국립대학은 이과 육성에 몰두하고, 실무 계열을 포함한 문과는 사립대학에 집중되어 있지 않았던가.

대학을 중심으로 '학력學力의 전후 체제'가 끝나가고 있다. 일본의 교육 환경이 전쟁 전으로 회귀할 것인가라는 문제의 답은 대학뿐 아니라 사회의 미래와도 밀접하게 연결된다.

4

천재지변이라는
숙명

1 - 미야기현 게센누마시

2 - 효고현 고베시

3 - 구마모토현 마시키마치

대지진이 폭로한 사회
–전쟁에 필적하는 물음

2016년 4월 14일 밤 9시 26분. 땅이 진동하는 충격에 눈을 떴다. 잠에서 덜 깬 눈으로 주위를 둘러보았다. 지진이 났음을 깨닫기까지는 얼마 걸리지 않았다. 그날 나는 구마모토 성벽을 끼고 흐르는 쓰보이 강변에 위치한 유서 깊은 호텔의 10층에 묵고 있었다. 벽을 보니 비스듬하게 금이 가 있었다. 무너질지도 모른다는 나쁜 예감이 뇌리를 스쳤다.

하지만 어째서였을까, 나는 크게 놀라거나 당황하지 않았다. 잠에서 덜 깼기 때문일까? 밖으로 나갈 채비를 하고 바닥에 널부러진 소지품을 트렁크에 넣었다. 문을 열고 비상 계단으로 향했다. 재난과 어울리지 않는 부드러운 봄밤의 기운이 가득했다. 로비에는 서양에서 온 관광객들이 불안한 얼굴을 하고 서 있었다. 직원들은 여기저기를 분주하게 뛰어다녔다.

안도의 순간도 잠깐. 마치 벌레 떼가 몰려오는 듯한 기분 나쁜 소리와 함께 다시 땅이 흔들리기 시작했다. 건물이 휘청거렸고 두려움이 몸속 구석구석으로 퍼져나갔다. 비명소리가 들렸다. 로비에 모여 있던 사람들은 건물 밖으로 뛰쳐나가 공포에 질린 눈으로 호텔을 올려다봤다.

흉기가 된 가옥

땅바닥이 금방이라도 꺼질 듯 무르게 느껴진 건 처음이다. 내 주위에 있던 사람은 다 그렇게 느꼈으리라. 불현듯 구마모토 시내에 있는 고향집이 걱정되었다. 겨우겨우 빈 택시를 잡아 타고 집으로 갔다. 가족은 모두 무사했다.

여기까지가 나의 이재민 경험이다. 도쿄의 한 대학에서 강의가 예정되어 있었던 나는 다음 날 구마모토를 떠났다. 결과적으로 본진本震은 피한 셈이다. 내가 겪은 전진前震은 히나구日奈久 단층대의 활동에 의한 지진으로, 리히터 규모 6.5였다. 28시간 뒤(16일 새벽)에 본진이 구마모토를 덮쳤다. 본진은 히나구 단층대 북쪽에 위치한 후타가와布田川 단층대에 의한 규모 7.3의 대지진이었다. 진원의 영역이 약 100킬로미터에 이르렀고, 주변의 단층이 연쇄적으로 반응했다. 이 지진이 일어난 후 한 달간 1000회 이상의 여진이 이어졌다. 많은 사람이 이런 내륙형 지진이 구마모토에서 발생하리라고는 예상하지 못했을 것이다.◆

'일본 열도에서 가장 안심할 수 있고 안전한 구마모토. 불과 물과 녹음이 어우러진 아름다운 구마모토.' 구마모토 현민들은 그동안 이렇게 생각했다. 구마모토에서 대비해야 할 것이 있다면 풍수해뿐이라고, 가장 무서운 것은 큰비와 태풍, 산사태라고 생각하는 사람이 많았

◆ 2016년 4월에 일어난 구마모토 지진은 구마모토현뿐 아니라 오이타현에서도 일어났다. 보통은 큰 지진이 일어난 후 그에 상당하는 여진이 오는 일반적인 모습과 달리 규모 6.5의 전진이 발생한 후 이틀 뒤에 규모 7.3의 본진이 발생했다는 점에서 이 지진은 특이했다. 규슈 지방 중앙에 길게 자리잡은 단층대에서 일어나 피해 범위가 넓고 여진도 많았다는 점이 특징이다. 내륙형 직하 지진이었다는 점도 피해를 키웠다.

다. 그래서 구마모토에는 내진 설비 없이 무거운 기와지붕을 올린 가옥이 많다. 지진 피해가 더 컸던 이유다. 살던 집이 흉기로 변해 사람을 덮쳤다.

4월 26일 오후, 나는 지진이 휩쓸고 간 구마모토로 돌아왔다. 구마모토시 중심부에서 남동쪽으로 이어진 현도 28호를 타고 히가시구 누야마즈를 지나, 도시를 종단하는 규슈 자동차 고가도로 아래를 통과하여 지진 피해가 가장 심한 마시키마치에 도착했다. 사방에 처참하게 파괴된 가옥이 있었다. 도로에는 건물 파편과 가재도구가 가득했다. 불쑥불쑥 튀어오른 지면 때문에 울퉁불퉁해진 도로를 무너진 시멘트 담장이 막고 있었다. 꺾인 콘크리트 전봇대 사이로 철근 몇 개가 해골처럼 드러나 있었다.

지진의 힘 앞에서 나는 숨을 멈추었다. 5년 전, 후쿠시마현 소마시 해안 마을에서 본 황량한 광경이 떠올랐다. 고개를 숙이듯 꺾인 전봇대는 자연 앞에서 무조건 항복할 수밖에 없는 인간의 유약함을 암시하는 듯했다.

천연에의 반항

나쓰메 소세키가 제5고등학교(현 구마모토대학)에 재직하던 시절의 제자이자 물리학자이며 지진 연구자인 데라다 도라히코寺田寅彦◆는 간토 대지진(1923)의 경험을 통해 다음과 같이 경고했다. "어떤 계기

◆ 1878~35년. 일본의 물리학자, 수필가, 시인. 1896년 구마모토 제5고등학교에 입학하면서 영어교사 나쓰메 소세키를 만나 큰 영향을 받았다. 이후 도쿄제국대학에서 물리학을 전공하고 간토 대지진 이후 지진을 연구했다.

로 인해, 자연이 마치 우리를 부수고 뛰쳐나온 맹수 무리처럼 날뛰면 높은 누각은 넘어지고 제방은 파괴되며 인명은 위협받고 재산을 빼앗길 것이다. 재앙의 원인은 천연天然에 반항한 인간의 세공細工이다."

자연에 반항한 인간의 세공, 즉 잔꾀. 이것이 지진의 "운동 에너지가 될 위치 에너지를 축적하여 재해를 키웠다." 그중 가장 충격적인 결과가 후쿠시마 원전 사고이다. 지진이라는 천재지변은 우리 사회의 강점과 약점을 폭로했다. 재난이 닥쳤을 때 지역, 사회, 국가의 '본성'이 드러난다. 강점과 약점, 그리고 각 개인의 삶과 죽음을 드러낸 대지진은 전쟁에 필적할 정도로 강렬하게 우리에게 물었다. "너희는 어떤 방식으로 살아가고 있으며, 또 어떤 사회를 만들어가고 있느냐?"

지진 직후의
구마모토현 마시키마치에서

2016년 5월 15일 기준, 구마모토현 피해 상황은 다음과 같다. 사망 49명, 지진 관련 사망 19명, 행방불명 1명, 부상 1664명, 주택 파손 8만 4817채, 단수 약 2400세대. 피난소 235개소, 피난자 1만 4340명. 구마모토현의 농림수산업 피해액만 1000억 엔이 넘을 정도다. 피해는 주민들의 심신에 깊은 상처를 남겼다.

우리는 이 자연재해를 예상하지 못했을까? 아니, 그렇지 않다. 소세키가 구마모토에 오기 7년 전인 1889년에 진도 6.3의 직하 지진이 구마모토를 덮쳤다. 이때 20명이 사망하고 수백 채의 건물이 완전히 파괴되었으며, 구마모토성도 큰 피해를 입었다.

전진이 일어나기 하루 전인 2016년 4월 13일, 구마모토 시내에서 소세키가 구마모토에 온 지 120년이 되는 해를 기념하는 행사가 열렸다. 나도 기념식에 참석했다. 데라다 도라히코는 "천재는 잊힐 무렵 닥친다"라고 경고했다.◆ 구마모토는 메이지 시대의 구마모토 지진을 잊은 셈이다. 건망증이었을까, 아니면 날로 진화하는 인간의 세공이 과거를 지워버린 것일까.

2011년에는 동일본 대지진이 있었다. 그로부터 20년 전에는 한신·아와지 대지진이 있었다. 우리는 두 비극을 잊은 적이 없다. 나는 4월 14일 구마모토에 오기 직전에도 지진 현장을 관찰하기 위해 아와지시마와 고베를 방문했다. "모든 일에는 때가 있다"고 해야 할까.

한신·아와지 대지진의 현장에 무엇이 있었을까? 사색의 발걸음은 여기에서 시작된다.

◆ 논문이나 저서가 아니라 강연에서 한 말이다.

부흥을 가로막는 관치官治와
분투하는 사람들

1995년 1월 17일 오전 5시 46분. 6434명의 사망자와 3명의 실종자를 낳은 한신·아와지 대지진은 동일본 대지진 이전까지 전후 일본이 체험한 가장 큰 천재지변이었다. 나는 그 지역의 상황을 보기 위해 고베시로 갔다.

동쪽에 요코하마가 있다면 서쪽에는 고베가 있다. 고베는 바깥을 향해 열린 국제 항만 도시다. 이 도시의 변화상은 동일본 대지진 후, 그리고 구마모토 지진 후의 피해 복구와 그 미래를 점치는 데 중요한 실마리가 될 것이다. 1995년에는 자원봉사와 '마음의 돌봄'(다수의 정신과 의사가 피해 지역으로 달려와 심리치료와 상담으로 이재민을 돌봤다)이 줄을 이었다. 동시에 「재해 피해자 생활 재건 지원법」 등 재해법제와 시정촌 및 국가의 행정력, 지역 경제와 시민사회의 복원력이 도시를 되살렸다. 동일본 대지진과 구마모토 지진의 피해자가 직면하게 될 과제의 많은 부분이 이 시기에 정립되었다.

부흥의 여러 의미

전쟁 재해와 마찬가지로 지진 재해에도 희생자를 기리고, 마음의 상처를 달래고, 부흥의 발판을 찾아내고, 지진의 기억을 다음 세대에게 전하고, 새로운 지진을 대비하는 일련의 절차가 있다. 그중에서도 무엇보다 중요한 것은 부흥이다.

부흥이라 하면, 고층 빌딩과 도로, 철도, 항만 같은 인프라가 먼저 떠오를 것이다. 하지만 지역 경제의 부흥, 그리고 주민 한 사람 한 사람의 생활의 부흥과 마음의 부흥도 중요하다. 이 부흥은 지진 이전의 상태를 재현하는 복구와는 다르다. 부흥에는 새로운 무언가가 더해지기 때문이다. '창조적 부흥'이라는 말은 피해 지역의 새로운 소생을 이끌어나가는 슬로건이다. 한신·아와지 대지진으로부터 20년이 지난 지금 창조적 부흥이 피해 지역에 뿌리를 내렸을까? 그 이름에 걸맞는 부흥이 달성되었다고 할 수 있을까?

신코베 역에 내리자마자 가장 먼저 높은 빌딩숲이 눈앞을 가로막았다. 주택의 90퍼센트 이상이 무너지고 소실되었으며 47명이 사망한 고베시 스마구 지토세 지구 또한 가는 곳마다 깔끔한 맨션이 얼굴을 내밀고 있었다.

나는 지토세 지구 한 켠에서 케미컬슈즈◆ 하청 일을 하는 사이 도시오崔敏夫◆◆ 부부를 방문했다. 도시오는 지진으로 차남을 잃었다. 이 슬픔을 계기로 지토세 지구 자주방재위원회 위원장에 취임하여 지역의 방재와 지진 대비에 매진했다. 하지만 예전 주민들은 거의 모습을 감추었으며 새로운 사람들이 들어와 맨션의 주민이 되었다고 한다. 그는 이런 경향 때문에 이제 지진을 기억하는 사람이 별로 없다고 말했다. 지토세에서는 옛 주민과 새로운 주민의 교체 현상이 두드러지게 나타나고 있었다.

◆ 합성 피혁이나 고무로 만든 신발. 1950년대 이후 고베, 오사카를 중심으로 크게 번성하였다. 자이니치 조선인들의 에스닉 비지니스Ethnic Business 품목인 '햅부 산다루(미국의 배우 오드리 헵번이 신은 샌들에서 유래했다)'가 대표적이다.

◆◆ 자이니치 조선인 2세이지만, 일본 신문에서 보도된 일본식 발음으로 표기했다.

고베시 나가타구 신나가타 역의 남북을 꿰뚫는 다이쇼스지 상점가도 마찬가지다. 여기가 정말로 상업 도시인가 싶을 정도로 거리에 파리만 날리고 있었다. 상점가 주변은 재개발 빌딩이 숲을 이루고, 지역의 인구도 늘어나고 있다는데, 상업의 불황은 누가 봐도 분명했다.

이곳도 주민이 바뀌었다. 이 지역의 케미컬슈즈 산업이 쇠퇴했다. 저출산·고령화에 더해 재개발이 좌절되면서 상점가의 불황은 더 이상 멈출 수 없게 되었다.

2004년에 일부 지역이 재개발되어서 빌딩이 들어서고 상점 아케이드가 재건되었지만 지역의 경제활동은 지진 전보다 40퍼센트 감소했다.

분출하는 고질병

불행하게도 한신·아와지 대지진이 일어날 무렵, 일본 경제는 전환점을 맞이했다. 장기간의 물가 하락과 불경기로 인해 시장 상황이 크게 변했다. 고도성장의 잔영은 모습을 감춘 지 오래되었다. 버블 경제의 바닥이 꺼졌다. 저출산·고령화가 시작되고 국가와 지방자치단체가 짊어진 채무는 천문학적으로 늘어났다. 반면에 노동생산성은 더 이상 늘지 않았다. 인구 감소와 지역 특수 산업의 쇠락 같은 고질병이 지진을 계기로 한꺼번에 터져 나왔다. 이것들이 엄청난 기세로 사람들의 생활을 크게 흔들었다.

고베의 창조적 부흥이 시대 변화에 귀를 기울이고 그에 걸맞은 부흥의 방식을 실현했다고 보기는 어렵다. 고베는 관세를 감면하고 기업을 불러들여 경제특구를 만들려고 했다. 하지만 국제 멀티미디어

도시 구상 등 규제 완화와 자유화를 중심으로 한 대형 프로젝트는 전부 중지 혹은 좌절되었다. 창조적 부흥은 껍데기만 남았다.

지진의 직접적인 피해를 입기도 했지만, 거래처가 문을 닫고 저출산·고령화로 구매력이 감소하면서 '지진 파탄' 현상이 심각해졌다. 이 모든 것이 불황에 박차를 가했다. 1990년 이후 효고현의 경제 성장률은 평균 0.09퍼센트를 넘지 못했다. 현의 총 생산량은 지진 전보다 감소한 뒤 지금까지 회복되지 않았다.

창조적 부흥이 좌절되었음은 분명하다. 그런데 이 좌절을 효고현, 고베시, 그리고 부흥을 앞장서서 이끌던 다이에이Daiei 같은 기업의 책임이라고만 할 수도 없다. 왜냐하면 모든 것이 관에 집중된 행정에 가로막혔기 때문이다. 즉 통치 구조라는 거대한 벽이 부흥을 막고 서 있었다.

지방 분권을 배경으로 하는 창조적 부흥은 중앙 정부의 권한을 부분적으로 제한하고, 권한과 재원의 일부를 지방으로 이양해 비상시에 대응하는 「피재 시가지 부흥 특별조치법」의 제정을 꾀했다. 이를 바탕으로 고베를 중심으로 한 재해 지역을 성숙사회로 전환시키려 한 것이다. 하지만 가스미가세키*와 나가타초**의 움직임은 둔했다. 아니, 그저 둔하기만 했던 것이 아니다. 국가는 부흥에 관한 큰 구상도 없이 그때그때 필요에 따라 재해 관련 법을 부분적으로 고칠 뿐

◆ 외무성, 재무성, 문부과학성, 법무성의 청사 등 관청이 집중되어 있는 도쿄의 중심가·중앙 관청의 통칭으로도 쓰인다. 나가타초와 함께 일본 행정과 정치의 중심지이다.

◆◆ 국회의사당과 수상 관저 등이 나가타초에 있기 때문에 일본의 국정과 이를 행하는 사람들을 비유하는 말로 쓰인다.

이었다. 평등의 원칙에 매몰되어 형식적인 시책으로 일관하다가 지역의 다양한 요구와 과제에 신속하게 대응할 길이 막혀버렸다.

강력한 권한과 재정 자원을 지렛대 삼아 상부에서 개입하고 지도하는 자세는 평상시의 중앙집권적 관치와 다를 바 없었다. 지방과 중앙, 고베와 도쿄에서 느끼는 온도차가 역력했다. 그 결과 재난 피해자의 생명, 생활 부흥, 그리고 지역 부흥은 뒷전이 되었다.

그럼에도 피해 지역 주민의 생활을 부흥시키고 그것을 돕는 사람을 지원하는 조직이 공동체 내부에서 탄생했다. 대지진의 기억을 전승하고 마음의 상처를 보살피는 눈물겨운 모임이 사방에서 피어올랐다. 이는 지진이 낳은 예상 밖의 결과물이다. 피해 지역에서 꿋꿋하게 살아가는 사람들의 일상과 사회의 복원력에서 희망을 발견할 수 있다. 이 실천에 한 사람 한 사람의 삶과 죽음, 그리고 이야기가 담겨 있음을 잊어서는 안 된다.

커뮤니티가 주인공
─마음을 갉아먹는 거대한 이물질

지진 피해 지역에 갔을 때 앨범에서 빠져나온 사진들이 땅바닥 여기저기 흩어져 있는 것을 보고 '사나운 천재지변은 삶과 죽음의 길을 뒤집어놓는구나'라는 생각을 했다. 동일본 대지진 직후 후쿠시마 소마시의 바닷가 마을에도 무너져 내린 건물의 파편과 함께 수많은 사진이 흩어져 있었다. 거기에는 누군가의 탄생, 시치고산七五三*,

입학식, 졸업식, 입사식, 결혼식, 신혼여행, 출산, 축하, 사원여행, 금혼식, 그리고 장례식 등이 담겨 있었다. 나는 그중 몇 장을 집어 들었다. 평범한 사람들의 여러 가지 인생의례[※]. 천재지변이 크면 클수록 인생의례의 사슬을 마치 도끼로 끊어버리듯 폭력적 단절이 생긴다. 갑자기 절단된 삶과 그 절단을 피한 생존자 혹은 유족은 지진 이전의 인생의례로 되돌아갈 수 있을까.

커뮤니티 네트워크

전쟁의 시대를 살아남은 사람들은 전쟁이 끝난 후, 어떤 식으로든 다시 태어나는 경험을 하게 된다. 지진을 겪은 사람들이 재해 이후를 살아가는 일 또한 마찬가지다. 부흥이란 바로 새로운 인생의례를 살아가는 것이며, 혹은 새로운 인생의례를 살아내려는 의지이다.

생존자의 마음에 깃든 살아내려는 의지가 서로 연결을 모색할 때 부흥의 서곡은 시작된다. 이를 위해서는 마음의 치유가 필요하다. 또 재해의 체험과 기억을 전하려는 시도가 필요하다. 어쩌면 생존자의 경험을 말로 풀어내기 힘들어서 이 과정이 답답하게 느껴질 수 있다. 하지만 시도하지 않으면 나와는 상관없는 일로 끝나버릴 것이며, 사람과 사람 간의 연결, 지역의 결속이나 일체감도 얻을 수 없다. 그렇게 되지 않도록 비극을 기억하고 공유하고 전해야 한다. 한신·아와

◆　여자아이는 7살과 3살, 남자 아이는 5살을 기념하여 신사 등을 찾는 의례. 기모노를 입고 찍은 기념 사진을 남겨두는 경우가 많다.

◆◆　통과의례와 같은 말이나, 특히 일본 문화와 밀접하게 관련된 통과의례를 가리킬 때 인생의례라는 말을 쓰는 경우가 많다.

지 대지진 이후 피해 지역 주민들이 한 시도 가운데 내가 가장 감명받은 것은 바로 '한신 대지진을 계속 기록하는 모임'에서 출판한 지진 재해 수기집이다. 이 모임의 대표 다카모리 잇토쿠高森一德는 대지진으로부터 10년이 되던 해를 눈앞에 두고 사망했다. 모임은 다카모리의 유지를 받들어 평범한 사람들이 자신의 새로운 인생의례를 기록하고 그것을 다음 세대에게 전할 수 있도록 돕고 있다.

대지진은 순식간에 일어나지만 그 여파는 10년이고 20년이고 이어진다. 새로운 인생의례에도 대지진의 그림자가 드리울 것이다. 끊임없이 이어지는 '지진 관련사'라는 비극만 봐도 분명히 알 수 있다. 한신·아와지 대지진은 지진으로 인한 죽음이 뿌리 깊은 사회 문제임을 보여준다. 가설주택과 공영주택에서 일어나는 이재민의 고독사만 해도 한 해 1000명을 웃돈다.

지진의 기억을 기록하는 일은 이 죽음까지 제대로 기록하는 일이되어야 한다. 지진 관련사에는 천재지변뿐 아니라 초고령화 사회와지역 커뮤니티의 주택·의료 같은 문제가 얽혀 있기 때문이다.

대지진은 지역 주민의 커뮤니티를 강화한다. 이 점은 한신·아와지 대지진 때 구조된 사람의 80퍼센트가 소방이나 경찰 같은 공적조직이 아니라 지역 주민에 의해 구출되었음을 보아도 분명하다. 도움이 필요한 사람을 가장 먼저 발견하고 가장 먼저 도움을 주는 사람이 지역 주민이 될 수 있도록 방재, 감재, 구조 영역의 커뮤니티 네트워크가 꼭 필요하다.

미야기현
게센누마시에 건설된 방조제

가치의 권위적 배분

집단 이전, 토지 정리, 부흥 재개발처럼 재해 복구 사업 가운데 많
은 것이 커뮤니티의 재생을 방해한다. 고베 어디를 가도 우뚝 솟은
빌딩숲과 곧게 뻗은 도로만 보인다. 도대체 창조적 부흥에 걸맞은 창
조적 커뮤니티는 어디에 버렸는지 묻지 않을 수 없다.

이 점은 동일본 대지진 피해 지역 3개 현에 건설될 방조제―총연
장이 400킬로미터에 육박할 만큼 거대하다―계획에 관해서도 마찬
가지다. 콘크리트 방조제 공사가 시작된 미야기현 게센누마시 해안

은 트럭과 불도저가 내는 시끄러운 기계음으로 가득하다. 한적한 항구의 바다 풍경을 다짜고짜 차단하는 모습에 나는 황량함을 느꼈다. 눈 섞인 북풍을 맞으며 서 있는 거대한 콘크리트 덩어리. 그것을 상상하는 것만으로도 가슴이 답답해졌다. 재해 복구라는 명목으로 일방적으로 결정된 총 공사비가 1조 엔에 달한다. 여기에는 관치의 상명하달식 의사결정만 남아 있을 뿐, 아무리 좋게 보려 해도 창조적 재생의 시도는 보이지 않는다.

한신·아와지 대지진이 전하는 교훈은 국가를 중심으로 하는 공조 公助의 한계이다. 재해는 행정과 공적 기관뿐 아니라 NGO(비정부조직)와 NPO(비영리조직), 그리고 지역 커뮤니티라는 시민사회의 역량도 시험한다. 더 나아가 지역 주민 한 사람 한 사람과 그들로 구성된 커뮤니티가 주인공이 되어야 한다. 국가와 행정이 스스로 역할을 축소시키고 책임을 지자체와 지역, 시민사회에 전가한다고 해결될 일이 아니다.

국가와 행정은 피해 지역 주민의 불행을 가능한 한 줄이고 지역과 주민이 창조적 부흥을 향해 가는 데 필요한 재정, 서비스, 인적 자원을 제공해야 한다. 현실에 맞게 법제도를 정비하고 지속적으로 섬세한 지원을 이어갈 의무가 있다. 한신·아와지 대지진의 교훈이 동일본 대지진에 어떻게 활용되었는지 여전히 의문이다.

정치를 '가치의 권위적 배분'이라 한다면, 사회의 희소 자원, 재정, 서비스 등을 어디에 투여할지 우선순위를 정하는 것이 정치의 알파이자 오메가이다. 다시 말해서 대지진을 겪은 커뮤니티와 지역, 사회적 약자를 포함한 시민의 삶, 그리고 지속가능성을 위해 자원과 재화를 어떻게 나눌지 결정하는 일 말이다.

일본의 방위비는 해마다 치솟고 있다. 후쿠시마 원전 사고로 생긴 오염수조차 완전히 제어하지 못하는 상황에서 2020년 도쿄올림픽을 개최한다고 한다. 제한된 가치가 제대로 배분되고 있다고 할 수 있을까? 잘못된 정치는 지역과 시민의 활력을 갉아먹고 지역의 힘을 감퇴시킬 것이다. 대지진을 비롯한 천재지변은 가치의 권위적 배분에 관련된 일본 정치의 존재 방식에 관하여 끊임없이 질문을 던지고 있다.

벼랑 끝에 선
농업

1 - 아키타현 오가타무라

농업을 망가트린 시장주의
―별천지의 고질병

"농업은 나라의 근본이다." 막번 체제를 유지하기 위해 농업과 농민 보호에 힘을 쏟은 에도 시대의 농본사상, 초국가주의와 연결된 전쟁 전의 농본주의, 그리고 새로운 마을 운동과 에콜로지ecology 생명관을 바탕으로 공동체 재건을 주창하는 새로운 농본주의에 이르기까지, 일본 역사에는 농업은 나라의 근본이라는 이념이 흐르고 있다.

그러나 이제는 아니다. 생산성, 대형화, 효율성과 수익성 같은 시장원리가 농본주의 이념을 갈기갈기 찢어놓았다. 현재 일본의 농업은 경쟁력 강화라는 유일한 목표를 향해 달려가고 있을 뿐이다.

관리하의 자유화

농업의 대규모화, 집약화, 합리화, 복합 영농화는 어떤 변화를 가져올까? 돈 버는 농업으로 전환하는 데 실패한다면 일본 농업은 사망 선고를 받게 될까? 지금 농업은 벼랑 끝에 서 있다고 해도 과언이 아니다.

변화의 계기는 2018년산 쌀부터 시행하기로 한 감반减反(생산 조절) 정책 폐지였다. 생산 조절을 통해 보호받아온 농업이 국가의 보호막을 벗어나 자유화의 길을 걷지 않을 수 없게 되었다. 이전에도 징조는 있었다. 태평양전쟁 총력전 시기의 도조 히데키東条英機 내각에서 제정되었으며 전후에도 농업 정책의 핵심이던 「식량관리법」의 폐지(1995)가 그랬다. 쌀 가격 폭등과 이에 대응한 긴급 수입 사이에서 관리와 운영의 제도적 취약성이 한계에 이르렀다.

새 식량법(「주요 식량의 수요 및 가격 안정에 관한 법률」)에 기반한 식량 제도는 여전히 국가의 관여와 관리를 주창했다. 그러면서도 정부미를 중심으로 한 옛 법과 달리 민간에 유통되는 쌀을 중심으로 생산을 조정하겠다고 했다. 이에 더해 2004년에는 규제를 큰 폭으로 완화하여 계획 유통미(관리미)와 계획 외 유통미(자유미 혹은 암거래되는 쌀)의 구별을 폐지하기에 이른다.

일련의 움직임에서 자유화를 엿볼 수 있다. 이는 '관리된 자유화' 혹은 '묵인된 자유화'이다.

1970년 감반 정책을 시행한 이후, 국가의 농업 정책이 바뀔 때마다 농가는 갈팡질팡하며 경쟁력이 깎여나갔다. 자유화의 파도에 내던져진 지금, 농가는 스스로 생존법을 찾아야 하는 상황에 처했다.

일본의 농업은 도대체 어디로 가고 있을까? 대답을 찾기 위해 나는 아키타현 오가타무라로 발을 옮겼다. 비와코琵琶湖에 이어 일본에서 두 번째로 큰 호수였던 하치로가타八郎潟에 총 850억 엔의 국비를 투입하여 간척지를 만들었다. 여기에 대규모 협동 농업의 모델인 오가타무라가 건설되었다. 그 역사와 현재에 농업 정책이 가진 문제점과 미래가 반영되어 있으리라 생각했다.

오가타무라에 들어서자마자 광대함에 놀랐다. 넓은 대지가 끝도 없이 펼쳐져 있었다. 이런 광경은 홋카이도를 제외하면 일본 어디에서도 본 적이 없다.

바둑판처럼 가로세로로 구분된 도로가 지평선까지 이어진다. 도로를 따라 벚나무와 흑송이 심겨 있었다. 유채꽃이 융단처럼 피는 봄이면 노랑, 분홍, 초록 띠가 지나가는 운전자의 눈을 즐겁게 해줄 것이다.

자연 보호 구역

2015년 농업·임업 총조사에 따르면 오가타무라의 농장 한 곳당 경지는 18.5헥타르로, 아키타현 평균인 3.21헥타르의 5.8배에 달한다. 영세한 쌀 농가의 경지 면적과 비교하면 10배나 큰 면적이다. 2014년의 시정촌민 경제 계산에 따르면, 오가타무라 주민 1명당 명목 총생산은 603만 엔으로 아키타현의 평균 334만 엔보다 훨씬 많다.

국영 입식＊사업은 1967년 제1차부터 1974년 제5차까지 진행되었으며, 그 뒤 댐 건설 때 유입된 입식자까지 포함하면 전국에서 오가타무라로 모인 입식자는 589명이다. 현재의 오가타무라의 인구는 3000여 명이다. 다른 지역에 비해 농가 종사자의 비율이 훨씬 높다. 뿐만이 아니다. 일본 농업의 고질병 중에는 영농 후계자가 부족하다는 문제가 있는데, 오가타무라는 완전히 다른 세상이라고 해도 과언이 아니다. 1세대 입식자의 자녀들이 후계자로 성장했다. 2017년 3월 현재, 이 지역 농업 종사자의 70퍼센트 이상이 30~50대이다. 인구 구성으로 볼 때 오가타무라의 농업은 앞으로도 문제가 없을 것이다.

오가타무라에서 서쪽으로 뻗은 현도 42호선을 북쪽으로 달리다 보면 오른쪽에 아키타현립대학 오가타 캠퍼스와 오가타 신사가 나

◆ 개척지나 식민지에 들어가 살다, 혹은 살게 한다는 뜻이다.

온다. 그곳을 지나 유채 밭을 보고 오른쪽으로 진입하면 맵시 있는
건물이 보인다. 바로 제3섹터◆가 운영하는 '호텔 산루라루 오가타'
이다. 멀리 시라카미산지白神山地◆◆가 보이는 전망 좋은 온천과 레스
토랑, 숙박 시설을 갖춘 건물이다. 주위에는 넓은 운동장과 멋진 건

◆   제1섹터인 국가 및 지방공공단체가 경영하는 공기업, 제2섹터인 사기업과 달리, 제
3의 방식으로 이루어진 법인을 뜻한다. NPO, 시민단체 등의 비영리단체이거나 혹은 공
공단체와 민간이 합동으로 출자하고 경영한다.

◆◆   아오모리현 남서부와 아키타현 북서부에 넓게 걸친 표고 1000미터급의 산악 지대
를 일컫는다. 세계 자연 유산으로 지정되었다.

물이 늘어서 있다. 마치 자연 보호 구역 같은 분위기이다. 구소련 시절의 집단농장이 자유화되고 현대화되면 이런 모습이지 않을까, 하는 생각이 들었다. 어쩌면 이스라엘의 키부츠kibbutz(집산주의적 협동조합)의 영향을 받았는지도 모르겠다. 동양의 아틀란티스를 꿈꾸던 만주 개척촌이 현대화되었다면 이런 분위기였으리라. 생각이 꼬리를 물고 이어졌다. 오가타무라는 지금까지 내가 쌓은 상식을 뛰어넘는 풍경을 갖고 있었다.

어떻게 이런 마을이 만들어진 것일까? 세워진 지 50년이 지난 이 마을의 역사는 어땠을까? 어떤 우여곡절 끝에 현재에 이르렀으며, 이제는 어떤 방향으로 나아가고 있을까? 이런 질문을 가슴에 품고 2000년까지 여섯 차례에 걸쳐 지역 촌장을 역임한 미야타 세이키宮田正順에게 만남을 요청했다.

호텔의 전망 좋은 방에 상주하는 미야타는 70대 중반이라고는 믿기지 않을 정도로 발랄했다. 노련한 지방 정치가 같은 풍모였다. 그는 오가타무라의 존속이 달린 중대한 내분과 대립을 수습했으며, 동시에 현과 국가 사이의 갈등을 슬기롭게 헤쳐나갔다. 지역 발전의 초석을 세운 '중흥의 아버지'의 존재감이 뿜어져 나왔다. 그가 들려주는 이야기를 통해 오가타무라라는 지자체의 역사는 물론 일본 농업의 역사와 문제점을 분명히 알 수 있었다.

개척 정신
—미래의 리트머스 종이

식량 자급률을 높이고 쌀값 안정을 도모하며 수입품과의 경쟁을 견뎌내자. 이것이 일본 농업이 받아 든 도전 과제였다. 농업 재생의 기폭제이자 그 전위로서 아키타현 오가타무라가 부각되었다. 미야타 세이키의 말을 빌리자면, 오가타무라는 가난한 농가라는 이미지를 쇄신하는 생생한 사회 실험의 장이었다. 여기에 국책민영으로 일군 새로운 마을의 이상향이 그려졌다.

아전인수와 집단 따돌림◆

오가타무라가 시라카바파白樺派◆◆의 무샤노코지 사네아쓰武者小路実篤와 동료들이 지향한 새로운 마을과 다른 점이 있다면, 기계화와 대규모화, 효율성과 수익성이라는 모더니즘적 가치를 관철했다는 점이다. 이는 아마도 오족협화五族協和◆◆◆와 왕도락토王道樂土◆◆◆◆를 지향한 만주국 개척촌의 이상에 가까울지도 모르겠다.

◆ 무라하치부村八分. 에도 시대에 촌락에서 일어나던 집단 따돌림이다. 공동체 내부의 규율 및 질서를 어긴 자에 대해 집단이 가하는 소극적 제재로, 지역 공동체가 건재한 농촌이나 어촌에는 여전히 존재한다.

◆◆ 일본 다이쇼 시대에 동명의 동인지를 중심으로 한 문인 그룹이다. 자연주의에 반대하고 자아와 인간의 가능성을 지향하는 이상주의를 표방했다.

◆◆◆ 일본인, 조선인, 만주족, 몽골족, 한족의 협력을 뜻하는 만주국 건국 이념이다.

◆◆◆◆ 왕도에 의해 다스려지는 평화로운 나라라는 뜻으로, 일본제국은 만주를 왕도락토로 삼겠다고 내세웠다.

오가타무라의 '오족'은 홋카이도에서 오키나와까지 전국에서 수차례의 입식 때 모여든 사람들이다. 농업 종사자, 샐러리맨, 자영업자 등 직업과 경력, 출신지, 배경, 경제 사정이 모두 제각각인 사람들이 각자 자신이 지향하는 농업이 가능하리라는 희망을 품고 한곳에 모였다. 이들에 의해 무無에서 창조된 마을이 바로 오가타무라다.

그러나 국가가 계획한 '협동영농에 의한 모던한 최신 마을'이라는 비전은 초기부터 좌절되었다. 그 원인은 어디에 있었을까? 미야타는 아전인수我田引水 때문이라고 설명했다. 다른 사람이야 어떻든 자기 편한 대로만 말하거나 행동했다는 말이다.

국가가 장려한 대로 협업 경영을 하면 능률이 떨어지고 협력이 오래 지속되지 못했다. 여섯 가구가 한 조가 되어 완전 영농을 하려 했지만, 아전인수로 인해 결속이 약해지고 능률은 떨어졌으며 생산성의 격차가 생겼다.

촌락 공동체적 속박에서 자유로운 마을이었지만, 한 겹 벗겨보니 아전인수의 집합에 불과했다. "인간이란 본래 아전인수하는 존재다." 미야타는 쓴웃음을 지으며 말했다. 이 아전인수에 국가의 농업 정책—미야타는 이를 집단 따돌림 정책이라고 했다—이 얽혀들면서 마을의 존립 기반이 흔들렸다.

위기는 1970년에 시작된 감반에서 시작된다. 생산과 유통을 관리해서 쌀값 하락을 막고 안정된 식량 공급과 농가의 유지를 도모하는 감반 정책은 오가타무라에 심각한 균열을 초래했다. 그 신호탄이 1975년의 아오가리青刈り* 소동이다.

애초에 제로(0)에서 출발한 오가타무라는 농가가 작물을 자유롭게 경작하고 판매하는 농업 자유화를 꿈꿨다. 감반은 자유에 족쇄를 채우는 제도였다. 이에 반발한 농가가 작물을 적정량보다 더 많이 재배하는 방식으로 저항했지만, 결국 국가의 강력한 통제에 굴복해 아오가리를 수용했다. 논 여기저기에서 푸릇푸릇한 벼가 트랙터에 무참하게 쓰러지는 사태가 일어나고 말았다.

살리지도 죽이지도 않는

비극은 여기에서 끝나지 않았다. 3년 뒤인 1978년, 오가타무라 전체가 감반에 반발했다. 90퍼센트 이상의 농가가 일제히 과잉 재배를 시도했고, 국가는 최초의 계약을 들이밀며 농지 반환을 요구했다.

'자주 작물 재배파'가 다수를 점하며 정부와 팽팽하게 맞서던 상황에서 촌장에 취임한 미야타는 감반을 준수하자고 주장했다. 격렬한 대립과 이어진 재판 등 아수라장을 힘겹게 빠져나온 미야타는 이후 22년 동안 마을을 이끌었다.

감반 준수파와 자주파의 대립. 이는 오가타무라만의 문제가 아니다. 통제와 속박에서 자유로운 오가타무라였기 때문에 대립이 뚜렷하게 드러난 것일 뿐이다. 역으로 말하면 이 같은 대립이 드러날 정도로 오가타무라 내부에 에너지가 축적되어 있었다. 하지만 다른 지역에서는 국가의 감반 정책을 따르는 것 외에는 다른 방법이 없었다.

오가타무라는 국책민영에 의해 탄생했으며 국가의 뒷받침 없이는 존속할 수 없었지만, 감반에 반대하고 자주 경작으로 선회하는 농업

◆ 아오가리는 작물이 미처 익지 않아 아직 푸를 때 베어내는 일이다.

자유화를 추진하며 국가와 갈등했다.

"국가의 농업 정책의 최대 결함은 집단 따돌림입니다. 농수성 예산을 줄이려고 집단 따돌림을 이용한 것이지요." 미야타는 죽이는 것도, 살리는 것도 포기한 싸구려 정책이었다고 말했다.

그 정책을 따르면서도 지역 발전을 도모한 미야타 촌장은 1990년에 입식자들에게 나누어준 15헥타르를 이후에 전작轉作◆한 경우도 논으로 간주하기로 결정했다. 그로부터 5년 뒤, 국가가 쌀을 사들이던 「식량관리법」이 폐지되고 쌀의 자유로운 경작과 판매가 허락된 것을 보면, 이 결정이 국가에 관리되는 자유화의 마중물이었다고 할 수 있다.

오가타무라는 일본 농업 정책의 실험실로 위기를 슬기롭게 극복했다. 이후 민주당 정권이 개별 농가에 대한 소득 보상을 시행하면서 감반과 자유화의 갈등이 비로소 막을 내렸다.

오가타무라의 우여곡절은 전후 일본 농업이 걸어온 역사의 축소판이다. 미야타는 자유화의 물결이 오가타무라를 시정촌 합병이라는 새로운 문제로 몰고 갈 것이라고 예상한다.

이 지역은 농업 인구 부족과 고령화로부터 자유롭다. 그러나 더욱 거대한 자유화의 파도가 일본을 덮칠 때 농업이 견뎌낼 수 있을지는 그조차 반신반의하고 있다.

농업이 국가의 기간으로 남으려면 무엇을 해야 할까? 미래의 인

◆ 약속한 농사를 그만두고 다른 작물을 재배하는 경우이다. 그러니까 쌀을 재배하지 않더라도 논으로 간주한다는 말이다.

재를 배출하기 위해서는 어떤 제도를 마련해야 할까? 이는 농업만의
문제가 아니다. 일본 국민이 함께 고민해야 한다. 오가타무라는 일본
농업의 미래를 점치는 리트머스 종이이다.

6

경세제민의
계보를 찾아서

1 - 치바현 이시바시 기요타카 현의원 자택
2 - 도쿄 나가타초
3 - 도쿄 일본공산당 본부
4 - 나가와현 마쓰시타정경숙

정치란 무엇인가
─정치의 순환을 막는 가업화

정치란 무엇인가. 옛날부터 내려오는 말 중에 경세제민經世濟民이라는 개념이 있다. 중국 고전에 등장하는 이 말은 '세상을 다스려 백성을 고난에서 구제한다'라는 뜻이다. 그 줄임말이 바로 경제經濟이다. 이 말은 영어 economy의 번역어인 경제보다 넓은 의미를 담고 있다. 요샛말로 바꾸면 나라를 통치하는 동시에 곤궁에 빠진 국민을 구하여, 가난한 사람과 이재민에게 은혜를 베푼다는 뜻이리라.

유사 독재의 경향

국민주권과 민주주의가 기본 원칙인 오늘날, 경세제민이라는 말이 포함하는 위에서 아래로 내려오는 은혜가 거북할 수도 있다. 하지만 세상을 다스리고 백성을 고난에서 구제하는 일이 주권을 위임받은 정치가의 책무라고 본다면, 경세제민의 원리는 현대 정치를 관통하고 있다.

그런데 정치가가 국민이 맡긴 책무를 다하고 있다고 생각하는 사람이 얼마나 될까? 오히려 주권을 위임한 국민과 그것을 위임받은 정치가 사이의 골이 이전보다 더 깊어진 듯 보인다. 이 경향은 1994년 이른바 정치개혁 4법이라 불리는 「개정 공직선거법」, 「중의원 의원 선거구 획정심의회 설치법」, 「개정 정치자금 규정법」, 「정당 조성법」을 시행하고 1996년 중의원 선거를 치른 뒤 더욱 강해졌다.

금권 부패와 파벌 정치의 폐해를 없애고 깨끗한 선거를 실현한다는 명분으로 자금의 운용과 인사 발탁의 기능이 정당 지도부에 집중되었다. 여당 총재인 총리가 의회 해산권을 행사하거나 정책을 걸고 선거의 초점을 하나의 쟁점으로만 돌리는 등 대중의 정서를 이용하는 유사 독재적 민주정치가 심화되고 있다. 정당이 관료화되고, 정점에 선 정치 지도자가 독재적 권한을 행사하는 정치 시스템에서 국회의원은 예스맨이 될 수밖에 없다. 이것이 유권자의 눈에 제대로 된 정치가로 보일 리 없다.

법안을 의결할 때, 당의 방침에 따라서만 투표한다면 의원은 자리를 지킬 수 있다. 당의 대표가 부르면 만사를 제쳐두고 달려가는 정치가에게 경세제민의 기개를 기대할 수 없다. 당 대표의 추종자에 지나지 않는 정치가, 기개와 견식을 잃고 예스맨이 되어가는 정치가의 모습을 정신적 프롤레타리아화라고 설명할 수 있다.

금권이 위세를 떨치고 파벌이 오야분親分과 고분子分으로 구분되는 정치는 절대로 바람직하지 않다. 파벌 정치 안에서 절차탁마한다고 해서 경세제민의 정치가가 될 수는 없다. 그렇다면 우리에게 남은 길은 "머신(근대적인 정당 조직)을 수반한 퓌러 데모크라시führer democracy◆를 선택할지, 내적 카리스마를 갖지 않는 직업 정치가의 지배를 선택할지", 둘 중 하나밖에 없는 것일까.

이런 상황에서 어떻게 해야 좌우, 여야가 아니라 경세제민을 천직으로 삼는 정치가를 배출할 수 있을까?

◆ 퓌러는 나치 독일의 총통을 뜻한다. '지도자 민주제'라고 해석할 수 있다.

지반·간판·가방이라는 자산

정치가 이념을 구체화하는 정책 과정과 그 실현에 필요한 권력 과정으로 이루어진다면, 경세제민을 천직으로 삼는 정치가는 두 과정에 두 발을 딛고 서 있어야 한다. 그렇다면 이러한 정치가의 자질은 어떻게 길러야 할까?

그런데 1996년 중의원 선거 이후의 역대 내각 총리대신 10명 중 8명이 정치가 집안 출신이다(하시모토 류타로, 오부치 게이조, 모리 요시로, 고이즈미 준이치로, 아베 신조, 후쿠다 야스오, 아소 다로, 하토야마 유키오).

이른바 세습 의원의 정의가 무엇인지에 대한 논의는 제쳐두더라도, 어떤 종류의 정치 자산이 대를 이어 전해지고 있다는 사실만큼은 틀림없다. 그렇다면 정치가로서의 자질이라는 조건은 물려받은 정치 자산에 의해 결정된다고 봐야 할까?

세습이나 그에 준하는 방식으로 정치가가 되었다 하더라도, 선거라는 제도를 통과한 이상 유권자 자유의지의 결과라고 할 수 있다. 하지만 지반地盤(지원 조직)·간판(지명도)·가방(자금)이라는 세 가지 자산을 가진 정치가가 국회의원에 당선될 가능성이 더 높다는 사실은 부정할 수 없다. 실제로 전체 중의원 의원의 세습률은 25퍼센트를 넘으며, 자민당의 경우는 30퍼센트를 넘는다. 2017년 11월에 시작된 내각도 총리를 포함해 절반이 세습 의원으로 구성되었다.

세습으로 정치가가 된 사람도 이후 정치를 통해 공을 세울 수는 있다. 하지만 이것이 정치를 일부 집안의 특별한 가업처럼 보이게 한다는 것은 부정하기 어렵다. 특별한 사람만 정치가가 될 수 있다는 오해가 세상에 만연하면 천직의 정치가가 등장할 여지는 줄어들 수밖에 없다. 경세제민의 정치가를 배출하기 위해서는 정치적 자산이 가능한 한 평등하게 분배되고 누구나 자유롭게 사용할 수 있는 사회여야 한다. 그러나 자유로운 개방 사회 안에 구소련의 지도자 선출 제도 같은 시스템이 있다면 정계의 혁신은 불가능하다. 어떻게 해야 이를 타파하고 천직으로서의 정치가를 배출하는 새로운 시스템을 만들 수 있을까?

결국 나의 궁금증은 마쓰시타정경숙松下政経塾에 가닿았다. 일본을 대표하는 전자제품 기업 파나소닉panasonic의 창업자이자 PHP◆연구소의 창설자인 마쓰시타 고노스케松下幸之助를 설립 발기인으로 하는 마쓰시타정경숙. 졸업생 가운데 현직 의원만 35명(2017년 10월 기준)에 이르는 이 학교는 과연 정치가를 배출하는 장이 되었을까?

의식의 비대화
-경영의 신이 세운 정치학교

가나가와 현도 30호에 면한 가나가와현 지가사키시 시오미다이. 멋들어진 아치 문 뒤로 솟아오른 하얀 탑이 인상적인 이곳이 마쓰시타정경숙이다. 정문에 양각으로 새겨진 '내일의 태양'이라는 말이 지나가는 이들의 눈을 사로잡는다. 왼쪽에는 힘과 정의를 상징하는

◆ PHP(Peace and Happiness through Prosperity)란 두 번 다시 전쟁을 겪어서는 안 되며 이제는 경제적 번영에 기반하여 행복을 추구해야 한다는 마쓰시타의 사상을 집약하는 표어이다. PHP연구소는 현재에도 활발하게 출판, 문화 사업을 펼치고 있다.

해바라기를 쥔 남성이, 오른쪽에는 사랑과 평화를 상징하는 비둘기
와 여성이 조각되어 있다. 그 아래로는 고난을 상징하듯 구름이 깔려
있다. 그리고 36미터 높이의 종탑이 우뚝 서 있다.

마쓰시타이즘

숙塾*이라는 말에 쇼카손주쿠松下村塾** 같은 모습을 떠올린 내 예
상은 보기 좋게 빗나갔다.*** 남유럽풍 건물은 서당보다는 아테네의
플라톤 아카데미를 연상시켰다. 요시다 쇼인吉田松陰과 플라톤이 섞
여 있는 이곳을 화양절충이라고 불러야 할까. 그보다는 이종 배합의
잡종성이 부가가치를 만들어냈다고 해야 할까. 이런 부분에서 '경영
의 신'으로 불린 마쓰시타 고노스케의 손길을 느낄 수 있었다.

평론가 가토 슈이치加藤周一는 '잡종문화론'으로 전후 한 시대를
풍미했다. 이 잡종성이야말로 정경숙을 가득 채우고 있는 에테르
ether****이며, 그 빛은 말할 것도 없이 마쓰시타 고노스케로부터 발
산되고 있었다. 마쓰시타정경숙은 마쓰시타 고노스케의 작품이다.
오랫동안 그의 곁을 보필한 사노 다카미佐野尚見 이사장이 나를 건물

◆　글방, 서당을 뜻한다. 요즘은 사설 보습학원, 입시학원 이름에 많이 쓰인다.

◆◆　에도 시대 말기, 지금의 야마구치현 하기시에 있던 글방. 요시다 쇼인이 선생으로
머물렀다. 그에게 배운 학생 가운데 일본을 메이지 시대로 이끈 인재가 많았다.

◆◆◆　마쓰시타정경숙松下政経塾(마쓰시타세이케이주쿠)과 쇼카손주쿠松下村塾는 같은 한자
를 사용한다. 전자는 쇼와 시대의 인재를, 후자는 메이지 시대의 인재를 배출했다는 점
에서도 비슷하다.

◆◆◆◆　가상의 매질. 고대 그리스에서 공기의 상층을 설명하던 개념으로 알려졌다. 아
리스토텔레스는 4원소설을 확장하여 에테르를 천체를 구성하는 제5원소라 했다. 이후
근대 과학에서 뉴턴, 데카르트 등이 빛의 성질을 설명할 목적으로 이 개념을 차용했다.

**가나가와현 지가사키시
마쓰시타정경숙에서**

로 안내했다. 마쓰시타의 유지를 받들고, 그 유산을 후세에 전하고
싶다는 사명감이 사노의 말 곳곳에서 느껴졌다.

　마쓰시타 흉상과 유품, 사진과 훈시 등을 바라보고 있으려니 잡종
이라는 인상은 더욱 깊어졌다. 정치와 윤리, 경영과 국가, 수양과 통
치(거버넌스)가 이곳에서 물심일여物心一如로 융합된 듯 보였다. 우리
세대에게 친숙한 나쇼나루national◆도 잡종적 뉘앙스가 있지 않은가.

　◆ 파나소닉의 일본 국내 브랜드. 외국에 수출할 때는 파나소닉Panasonic으로 표기
한다.

"밝은 나쇼나루. 집안 전체를 전기로 움직인다. 밝은 나쇼나루." 미키 도리로三木鶏郎◆가 작사·작곡하고 4인조 중창단 다크닥스가 부른 〈밝은 나쇼나루〉의 멜로디가 머릿속을 스쳐갔다.

파나소닉에는 도시바나 히타치, 소니나 혼다와 다른 부분이 있다. 파나소닉은 단지 가전제품을 만들어서 파는 데 그치지 않았다. 가전을 통해 일본인다운 풍습과 윤리적 라이프 스타일을 판다는, 시장 경제의 논리를 넘어선 지향을 제시했다. 나쇼나루라는 브랜드가 바로 그 상징이다.

마쓰시타가 남긴 사상은 경제 분야에서는 나쇼나루와 파나소닉으로, 윤리 분야에서는 PHP연구소로, 그리고 정치 분야에서는 마쓰시타정경숙으로 구체화되어 현재로 이어진다. 공통의 특징은 물심일여의 마음주의이다. '인간 본성의 흐린 마음을 걷어내고, 솔직한 마음으로 사물과 사건의 본성을 파악하고, 마땅히 해야 할 행동을 한다면 성공으로 향하는 모든 길이 열릴 것이다.' 마음으로부터 출발해 사방으로 통하는 마쓰시타이즘이야말로 정경숙에 떠다니는 공기의 정체일지도 모르겠다.

경영과 국가의 융합

이 학교는 1979년에 문을 열었다. 마쓰시타 고노스케는 설립 강연에서 절절한 우국의 심정을 담아 일본의 미래를 걱정했다. 그리고

◆ 작사가이자 작곡가, 방송작가, 구성작가, 연출가로 많은 곡과 CM송, 방송 주제가 등을 작곡했다.

'발본 개혁'과 개혁에 필요한 '인재 육성'을 주장했다. 사람들은 바로 지금이 일본의 절정기라고 믿고 있었다. 반면 마쓰시타는 위기를 꿰뚫어보고 국가의 미래를 고민했으며, 수련과 학습으로 돌아가 일본을 개혁할 수 있는 인재를 배출하려 했다.

그는 인재 배출을 위해 어떤 환경을 준비했을까? 이 학교의 프로그램은 전기 2년의 기초 과정과 후기 2년의 실천 과정으로 이루어진다. 기초 과정에서는 그야말로 연수와 수양에 힘을 쓰고, 실천 과정에서는 제 힘으로 주제를 파고드는 현장 연구를 하게 된다. 정경숙을 다니면서 얻은 성과와 장래 계획을 졸업생과 외부 인사가 심사해서 졸업 여부를 결정한다.

대학원을 방불케 하는 학습의 반대편에 독특한 기숙사 생활이 짝을 이루고 있다. 토론을 강조하던 구 제국고등학교의 기숙사 생활을 떠올리게 하는 환경에 기업의 집단생활 같은 분위기가 섞여 있다. 이곳에서 현직 국회의원 35명, 지방의원 21명, 지사 및 시구정촌장 9명 (2017년 10월 기준) 등 많은 인재가 배출되었다. 마쓰시타정경숙은 지반·간판·가방이 없는 정치가 지망생에게 주전장으로 올라설 가능성을 제시하는 유일한 창구인 셈이다.

동시에 마쓰시타정경숙은 세상의 악평을 받고 있기도 하다. 이곳 출신의 정치가 중 많은 이가 입당한 민주당 정권에 대한 기대와 실망 때문이다. 하지만 애초에 경세제민을 목표로 하는 정치가가 오로지 정치만 배우는 학교에서 길러질 수 있는지, 나의 근본적인 의문은 가시지 않았다. 정치 전문가를 키우겠다는 목표는 그럴듯하게 들리지만, 실제로는 '인생 전문가'가 없는 것처럼 '정치 전문가' 또한 존재하지 않는다. 세상의 모든 일 가운데 정치화되지 않은 일은 하나도 없기 때문이다. 정치는 애초에 전문성을 넘어선 종합 활동이다. 그럼에도 불구하고 정치 전문가가 될 수 있다고 여기는 까닭은 어딘가에서 물심일여적 융합이 가능하다고 믿기 때문 아닐까?

경영과 국가는 과연 융합할 수 있을까? 정치와 윤리가, 이상과 권력이 화해할 수 있을까? 국가 운영의 실리와 이상, 그리고 거기에 달라붙은 권력주의는 때로 융화하지만 때로는 긴장하기 마련이다. 정치란 긴장을 견뎌내며 단단한 돌에 구멍을 뚫는 심정으로 연구하고 연습해야 하는 일이 아닐까?

정치 전문가가 되는 길의 끝이 엘리트 의식으로 연결되어 결국에는 정치적 미숙함만 남는 것은 아닐까? 그러나 이 일말의 불안이 불식되지 않는다 하더라도, 마쓰시타정경숙은 훌륭한 '정치가 등용문'으로 남을 것이다.

정치가 부족 현상
−세습 의원과 벼락 의원

의원 대부분은 정당에 소속되어 있다. 정당은 사회와 국가를 잇는 다리이며, 유권자의 이익을 모아 정부에 전달하는 역할을 한다. 더불어 정당은 국가 권력을 획득하기 위한 도구이기도 하다. 정치가의 이념은 소속 정당을 통해 보다 구체화된다. 정당에 소속된 정치가는 정책에 정통해지며 또 권력 투쟁의 현장을 체험할 수도 있다.

오늘날 정당과 유권자 사이의 골이 깊어지고 있다. 원인은 정당이 민의를 모아 국정에 반영한다는 본래의 목적보다, 목적 실현의 수단인 득표를 늘리는 데만 급하기 때문이다. 어느새 정당은 선거에서 이기기 위한 집표 기계가 되었고, 정권을 손에 넣고 관직 임명권을 배분하는 조직으로 전락했다. 자민당이 그 전형이라는 것은 말할 필요도 없다.

실무형 정치가

1955년 보수 합동◆ 이후 장기 집권한 자민당은 정치 이념의 실현보다는 이익을 추구했고, 관직 임명권을 활용해서 우위를 유지했다. 자민당은 영수 이름을 내건 뒤 파벌 간 합종연횡을 반복하여 유사 정권 교체를 연출하는 능력이 탁월하다. 이데올로기적으로는 오른쪽에서 왼쪽까지, 사상 잡식의 파벌 연합을 이루었다.

여당이 장기 집권하면서 정치 권력이 기득권이 되었다. 기득권화된 세력이 관직을 돌아가며 맡는 상황에서는 정치가 가업화되어도 전혀 이상하지 않다. 자민당 소속 중의원 의원만 보더라도 30퍼센트 이상이 정치인 2세, 3세이다.

세습 의원들은 지반·간판·가방이라는 정치 자산을 계승하는 데 심혈을 기울일 것이라고, 가업이 도중에 끊어지지 않도록 농간을 부릴 것이라고 생각하기 쉽다. 그런데 나의 생각은 오해였다. 적어도

◆ 1955년 11월 혁신계가 사회당으로 통일되어 강력한 세력으로 등장했다. 이에 대한 반응으로 보수계인 민주당과 자유당이 합당하여 자유민주당(자민당)이 탄생했다. 자민당 성립 이래 일본 정치는 자민당과 사회당을 중심으로 운영되었으며, 이 상황이 2009년 민주당이 다시 선거에서 승리하기 전까지 55년 동안 이어졌다.

내가 만난 국회의원과 지방의원들은 정반대였다. 오히려 가업을 잇는 데 주저하는 듯한 인상마저 받았다.

국회 근처의 오래된 호텔 레스토랑에서 자민당의 사토 쓰토무佐藤勉 중의원 의원을 만났다. 그는 총무대신을 비롯하여 내각의 요직을 역임했고, 「안전보장관련법」*이 중의원에서 통과될 때 순발력을 보여주었다. 나는 그에게서 세습 의원이라기보다는 소박한 직업인 같다는 인상을 받았다. 그는 여러 차례 "정치란 퍼포먼스가 아니라 땀을 흘리는 일"이라고 말했다.

도치기현 4구를 지역구로 하는 그의 조부는 현의회 의원과 기초자치단체장을 지냈다. 부친 또한 현의회 의장과 기초자치단체장을 지냈다. 사토는 그림으로 그린 듯한 지방 명문가 출신의 8선 의원이다. 그러나 권력자라는 느낌은 조금도 풍기지 않았다. 이렇게 기를 쓰지 않는 태도가 오히려 세습이 준 '의원다움'일지도 모르겠다. 그는 정치가의 사명을 말하며 으스대기보다는 스스로의 분수를 아는, 국민의 시중을 드는 정치가였다.

쇠약해진 기초 체력

지바현 도가네시의 이시바시 기요타카石橋清孝 현의원도 사토 의원과 마찬가지로 실무자 역할을 하는 정치가이다. 그는 도가네시에서

◆ 「자위대법」, 「UN 평화유지활동 협력법 개정안」 등 10개 법률의 개정안을 묶은 '평화안전법제'이다. 헌법 9조에 대한 새로운 해석에 기반하여 자위대의 활동 범위 및 정부 재량을 확대한다는 점에서 야당 및 시민사회로부터 '전쟁법'이라 불리며 반대 운동이 일었으나 2015년 9월 자민당과 공명당 소속 의원 등 다수의 찬성으로 가결되었다.

이시바시 기요타카 의원의
자택에서

대대로 나누시名主◆와 촌장을 하던 호농 집안의 20대손이다. 부친은
제1차 가이후海部 내각◆◆ 문부대신에 올랐던 이시바시 가즈야石橋一
弥이다. 조부 또한 현의원을 역임했다. 이시바시 의원은 가업을 잇고
집안의 정치 자산을 지키려고 전전긍긍하지 않았다. 오히려 우연한
기회에 가업을 잇게 되었고, 지방 정치가로서 활동하면서 10년 이상

◆   에도 시대의 막부 직할지인 정촌의 장. 신분은 상민, 농민이다.
◆◆ 1989년 8월 10일부터 1990년 2월 28일까지의 일본 내각이다.

현장에서 발로 뛰어왔다.

두 사람은 국정國政과 현정縣政이라는 차이는 있을지 모르나, 세습 의원의 부정적 인상보다 실리를 챙기는 실무자 역할에 충실했다. 자민당이 지방 보수층에 뿌리를 내릴 수 있었던 이유는 세습을 통해 실무자 역할을 하는 정치가를 꾸준히 배출했기 때문인지도 모른다.

그러나 자민당의 기초 체력이라 할 수 있는 지지 기반은 꾸준히 약해지고 있다. 오랫동안 국회와 의원회관, 자민당 본부에 출입하며 역대 실력자를 가까이에서 본 이들은 나가타초와 자민당의 과거를 냉정하게 평가했다. 또한 현 상황에 위기감을 드러냈다.

그들은 지금의 일본 정치는 '정당 정치'라고 부를 수 없다고 했다. 정당이 아니라 도당徒黨 정치에 불과할 뿐, 일본에는 아직도 근대 정당 정치가 뿌리내리지 못했다고 했다. 그 가운데에서도 '사병私兵 만들기'에만 몰두하는 파벌의 영수가 총리와 당 대표 자리를 차지하기 위해서 권력 투쟁을 벌이고 있다고 비판했다.

정치 개혁이라는 명분 아래 권력의 집중화가 진행되었다. 리더의 인기로 '선거 바람'을 일으켜 한 방에 승부를 내려는 벼락 정치가가 늘어났는데, 이들 중 다수가 사병 만들기는커녕 기본적인 인간관계와 의사소통에 미숙하다. 자민당이 세습 정치가로 채워지고, 다른 쪽은 권력 투쟁을 경험한 적 없는 벼락 정치가로 가득 찬 상황에서 정치 인재 부족이 심화되고 있다. 산전수전을 거치며 당원에서 지도부로 올라서는 그림은 아예 불가능해졌다.

그렇다면 어떻게 하면 좋을까? 내가 만난 사람들의 대답은 다소 의외였다. 그들은 기성 정당에 대한 국고 지원을 중지하고 「공직선거법」을 개정하여 평등한 조건 아래 자유로운 선거 운동을 할 수 있도록 제도를 개혁해야 한다고 했다.

변화가 없으면 정치 신예를 발굴할 수 없는 것일까? 일본 정치판을 가리키는 일강다약一强多弱 중 일강인 자민당 내부의 인재 결핍이 심각한 수준이라면, 자민당과 연립한 공명당은 어떨까? 또 다약인 야당에서는 어떤 방식으로 정치가를 배출하고 있을까?

후보자 선발 시스템의 문제
―공명당, 공산당의 강점과 한계

자민당과 연립한 공명당도 인재 부족을 겪고 있을까? 최초의 결당 선언에 나와 있듯이, 공명당은 부처(佛)의 가르침(佛法)을 세속(俗)의 정치와 사회의 법과 제도로 체현하는 왕불명합王佛冥合을 주창했다. 불법 민주주의佛法民主主義로 정치를 정화한다는 기치를 내걸었다. 니치렌日蓮의 불법을 신봉하는 창가학회가 1964년 세운 정당이다.

막다른 골목에 들어선 창조적 파괴

창가학회라는 강력한 지지 단체가 있다는 사실은 공명당의 강점인 동시에 약점이다. 약점은 1970년 전후의 언론출판 방해 사건◆을

◆ 1969년에 공명당과 창가학회를 비판하는 여러 서적이 출간되었다. 공명당과 창가학회는 이에 대해 압력을 행사하였고, 이를 공산당이 폭로하며 여론의 포화를 맞게 되었다.

통해 드러났다. 이 일을 계기로 '정교 분리'가 이루어졌다. 공명당과 창가학회는 붙지도 떨어지지도 않는 관계로 이행해갔다. 물론 지금도 창가학회가 공명당의 배후에 단단히 선 방패라는 사실은 변함없지만, 최근에는 창가학회 간부 출신의 국회의원이 줄고 당 인사와 창가학회 직원의 교류도 없다고 한다.

이 변화는 일본 사회가 성숙해짐에 따라 창가학회 또한 중류화(혹은 엘리트화)되었다는 점과 관련이 있다. 반면 공명당의 인적 자원은 풍부해지고 있다. 그렇다면 공명당은 폭넓은 계층을 대변하는 대중정당으로 변신할 수 있을까?

중의원 제2의원회관 12층에서 이노우에 요시히사井上義久 공명당 간사장◆을 만났다. 백발에 안경을 쓴 그는 대학 교수를 떠올리게 하는 온후한 인상이었다. 그는 정치가의 자질로 실행력과 타인의 아픔을 이해하는 능력을 꼽았다. 아주 간단하지만 경세제민과 통하는 조건이다. 이 조건과 자질을 가진 정치가는 도대체 어디에서 찾고 있을까? "신뢰할 수 있는 인재"는 창가학회의 청년부 같은 곳에 소속된 회원으로, 능력과 견식, 인간성을 평가한 뒤 학회의 추천을 받아 뽑는다고 했다. 이 시스템이 당의 기반을 지탱하고 있다고 확신했다.

지지 기반을 늘리지 않고, 기존의 선발 시스템을 고치지 않고도 공명당이 정치적 존재감을 발휘할 수 있을까? 「개정 교육기본법」◆◆

◆ 일본의 정당에서 당 대표 다음의 요직이다. 당 대표가 총리일 때 간사장이 대표의 업무까지 맡는 경우가 많다.

◆◆ 2006년 1차 아베 신조 내각의 주도로 개정된 교육기본법이다. 애국심을 고취하는 교육을 강화한다는 점에서 시민사회의 반대가 일었다.

과 「특정비밀보호법」＊, 그리고 헌법 개정 논의를 이끌면서 무당파의 표를 확보하고 의석을 늘릴 수 있을까? 보다 더 뛰어난 인재를 확보할 수 있을까? 이에 관해서는 이노우에 간사장의 입에서 대답이 나오지 않았다. 외부로의 확장은 그조차 주저할 수밖에 없는 창조적 파괴이기 때문일까?

나는 창조적 파괴의 가능성을 다른 곳에서 찾기 위해 정치 투쟁의 태풍의 눈인 일본공산당 본부로 발걸음을 돌렸다.

직업적 혁명가

일본공산당은 일본에서 가장 오래된 정당 가운데 하나이다. 전후에 치열하게 전개된 '공산당 합법화 투쟁'에는 20세기 일본의 명과 암이 새겨져 있다. 그래서일까. 공산당은 창가학회와 '창공협정'을 맺은 일도 있다. 공산당 또한 고정된 이미지로 인해 대중의 호불호가 분명하다.

공산당은 2016년 7월 참의원 선거에서 대여 공동 투쟁을 지도하며 활약했다. 그 결과 의석이 3석 늘어났다. 일본공산당의 토대는 1960년대 초반에 결정되어 2004년에 개정한 「일본공산당 강령」이다. 핵심은 통일 전선과 민주주의 혁명에 의한 민주연합 정부 수립이다.

강령은 노동자, 근로시민, 농어민, 중소기업가, 지식인, 여성, 청년, 학생 등 독립, 민주주의, 평화, 생활의 향상을 원하는 모든 사람들을

◆ 국가 안보와 관련된 정보를 정부가 '특정비밀'로 지정하고 이를 유출한 공무원을 처벌하는 규정을 골자로 하는 법안이다. 국민의 알 권리 침해 여부가 논란이 되었으며 전례 없는 시위 등 반대 운동이 일었으나 2013년에 통과되었다.

결집하는 통일 전선을 내세운다.「안전보장 법칙」과 헌법 개정 등 국가의 형태를 결정하는 커다란 쟁점을 준비하고 세계관과 역사관, 종교적 신념의 차이를 넘어서 각계각층이 결집한 통일 전선이야말로 민주주의 혁명의 필수 과정이다. 이 단계를 거쳐 생산수단의 사회화로 이행하는 사회주의적 혁명의 단계로 돌진하자고 주장한다. 이런 점에서 공산당에게 위기는 기회이며, 동시에 민주주의 혁명의 때가 무르익었다는 징후이다.

위기의 징후가 점점 더 커지는 오늘날, 공산당은 혁명에 대한 기대로 가득 차 있을까? 나는 이런 생각을 하면서 요요기 역 번화가에 우뚝 선 당본부로 들어섰다. 그런데 그곳은 맥이 탁 풀릴 정도로 고요했다. 요요기라고 하면 공산당, 공산당 하면 요요기 아닌가! 그동안 봐온 반공 캠페인에 의하면 요요기는 복마전이어야 하는데, 본부 안은 아주 평온했다.

놀랍게도 '대장님' 시이 가즈오志位和夫 위원장이 나를 맞아주었다. 위원장은 그동안 텔레비전 화면을 통해 본 날카로운 언변으로 정부와 여당을 추궁하는 투사라기보다는 수줍음이 많은 학자 같은 인상이었다. 하지만 화제가 야당과 시민의 공동 투쟁으로 옮겨가자 그의 어조가 강경해졌다.「일본공산당 강령」에 있는 노동자, 근로시민 등은 말하자면 피지배 계급 시민이다. 지금처럼 공산당이 시민사회에 뿌리를 내리고 거리를 좁히는 데 성공한 시대는 없었다. 지금의 혁명은 의회 민주주의 안에서 이루어지는 합의에 의한 다수자 혁명이기 때문이다.

교사와 의사, 변호사 등 각계각층에서 온 정치가가 공산당을 짊어지고 있다. 그럼에도 그들을 '직업적 혁명가'라고 설명하는 것을 들었을 때, 나는 시대가 이기고 말았음을 느꼈다. 직업적 혁명가라는 말에는 혁명의 전위, 당중앙이라는 위계질서Hierarchie, 그리고 전위와 후위의 구별, 엘리트에 의한 지도라는 도식이 담겨 있다. 경세제민의 정치라는 측면에서 볼 때, 바로 여기에서 공산당의 한계가 보였다.

동맥의
망치 소리

1 - 군마현 우스이토게 철도 시설
2 - 시즈오카현 우쓰노야

철도와 근대화
─육증기가 가져온 혁명

"기적 소리와 함께 우리 기차는 신바시 역을 떠나."

유명한 철도 창가 〈도카이도 편〉의 가사다. 이런 노래가 일본 전국에 퍼져 있고, 심지어 조선과 만주에도 있었다는 것을 사람들은 기억하고 있을까? 철도 창가는 일본의 근대화와 팽창의 역사가 철도와 함께했음을 보여준다.

총력전의 서곡

대륙으로 뻗어간 철도망의 시발점이 1872년에 문을 연 신바시 정차장이다. 지금은 고층 빌딩이 늘어선 시오도메 지구 한쪽에 정차장이 복원되었다. 레트로한 건물, 돌로 만든 플랫폼과 이곳이 철도 출발지임을 알리는 0마일 표식, 레일 등 당시를 떠올리게 하는 유적이 되살아났다. 하지만 어딘가 어색할 정도로 소박하다는 인상을 지울 수가 없다.

신바시와 요코하마를 잇는 철도의 개통식은 그야말로 성대했다. 탄생한 지 얼마 안 되는 메이지 국가가 연 대형 기념 행사였다. 개통식을 위해 메이지 천황이 축의와 함께 전국에 철도망이 뻗어나가길 바란다는 내용의 칙어를 발표했다.

철도는 부강의 원천이 되었고, 그 확장이 국력 확대로 이어졌다. 철도는 오쿠보 도시미치의 '식산흥업에 관한 건의'(1874)에 의해 식산흥업과 부국강병을 이끄는 근대화의 기관차로 간주되었다.

관에서 만들고 운영한다는 관설관영의 방침에서 시작된 철도 사업은 10년 후 사설 철도의 탄생으로 이어졌다. 이후 정부가 일정한 비율의 이익 배당을 보증하는 철도 사업이 추진되며 철도병이라 할 만한 건설 러시가 시작된다. 그 기폭제가 바로 일본철도(1881년 설립)이다.

화족華族*의 방대한 금록공채金禄公債**를 비롯하여 민간 자본이 철도 건설에 유입되었다. 철도는 자본의 원시적 축적을 촉진하는 기폭제인 동시에 자본주의의 엔진이기도 했다. 이런 면에서 육증기陸烝氣***는 혁명 지사보다 더 혁명적인 변화를 가져왔다. 변화의 크기는 근대 일본의 가장 중요한 수출품이었던 생사生絲의 생산과 운송에 철도가 미친 영향을 보면 쉽게 알 수 있다. 일본철도에 의해 1885년 군마현의 다카사키와 요코하마가 연결되자 조모 지역의 누에고치와 생사는 세계 시장에서 판로를 찾았다. 또 관설 철도이자 아브트식 철도****인 우수이 선이 군마현 요코가와와 나가노현 가루이자와를 연결하자 신슈에서 도쿄를 거쳐 요코하마로 이어지는 길이 열렸다. 그 결과 양잠업이 더 발달하고 상품 유통도 극적으로 증가했다.

러일전쟁 이후 조선에서 만주로 진출할 디딤돌을 찾은 철도는 새

◆　메이지 2년인 1869년부터 1947년까지 일본제국 귀족 작위를 받은 사람들이다.

◆◆　메이지 유신으로 더 이상 관직을 받을 수 없게 된 화족과 사족 모두에게 교부한 공채이다.

◆◆◆　메이지 초기에 증기기관차를 부르던 말이다.

◆◆◆◆　급경사 구간을 열차가 안전하게 운행하도록 고안된 주행 방식. 좌우 2개의 레일 중앙에 톱니형 레일을 하나 더 설치하여 차량의 톱니바퀴와 맞물리게 하였다.

로운 단계로 돌진한다. 상품을 대량으로 빠르게 운송할 수 있는 체제가 국내뿐 아니라 해외로 확대되었기 때문이다. 심지어 「철도국유법」이 제정(1906)되기도 했다. 철도는 이어질 총력전 체제의 서곡이 되었다. 철도의 전철화(1912) 또한 이런 추세의 일환이었다.

소세키의 예견

중요 문화재로 지정된 우수이토게 철도 시설은 이제 그 역할을 마치고 편안히 잠들어 있는 듯 보인다. 그럼에도 일본에서 가장 큰 조적식 다리인 우수이 제3교량(통칭 안경다리)을 올려다보면, 그 웅장함에 감탄사가 터져 나온다. 준엄한 자연의 장벽을 뚫고 돌진하는 문명의 의지가 보이기 때문이다.

만주사변◆ 이후 일본은 브레이크가 고장난 기관차처럼 폭주하기 시작했다. 멈출 줄 모르는 의지는 결국 파국으로 가는 내리막길로 굴러떨어졌다. 문호 나쓰메 소세키는 마치 이를 예견이라도 한 듯, 명작 『산시로』에서 히로타 선생의 입을 빌려 "무너지겠지"라고 말했다. 소세키는 철도, 기차, 문명, 그리고 근대 일본의 위태로움을 알아챘던 것이다. 그럼에도 일단 무너졌음이 틀림없는 문명의 의지는 전후의 고도성장과 함께, 아니 이를 이끄는 힘이 되어 다시 한 번 머리를 쳐들고 철도로 향했다. 1960년대에는 도카이도 신칸센이 개발되면서 간선 철도의 운송력이 비약적으로 확대되었다. 이후 고속 철도

◆ 1931년 일본 관동군에 의한 만주 침략 전쟁. 중국이 국제연맹에 일본의 침략 행위를 제소, 국제연맹이 일본군 철수를 권고하였지만 일본은 이를 거부하고 국제연맹을 탈퇴했다. 이후 본격적인 파시즘의 길을 걷는다.

망이 차례차례 완성되어 경제 대국의 '동맥'이 되었다.

특히 신칸센은 각 지역이 무슨 짓을 해서라도 손에 넣고 싶어 하는 보물이 되었다. 메이지 국가의 부국富國이 부지富地로 바뀌자 지역 간의 신칸센 유치 전쟁이 반복되었다. 정치는 갈등을 중재하기보다 오히려 부추겼다. 그러다 자동차의 보급이 확대되면서 철도의 적자가 늘어났다. 지방의 열차 이용자 감소와 함께 모세혈관인 재래선은 통폐합되었다. 1980년대 중반에는 국철 개혁으로 관설·국유 철도의 역사가 막을 내렸다. 일본의 철도는 새로운 국면으로 접어들었다. 공공의 철도에서 자본이 경영하는 철도로 완전히 전환된 것이다.

그렇다 해도 고도의 기술이 접목된 고속 철도, 초고속 철도가 여전히 국가의 전략 인프라라는 사실은 변함이 없다. 특히 내가 주목하는 것이 꿈의 철도라 불리는 리니어 주오 신칸센이다.

국철은 1970년부터 초전도 자기부상 방식의 리니어 신칸센 개발을 시작했다. 아베 정부는 3조 엔에 가까운 재정을 지원하며 예정보다 빨리 도쿄-오사카 노선을 완공(2037년 예정)하려 하고 있다. 시나가와-나고야 구간을 40분 만에, 시나가와-신오사카 구간을 1시간 7분 만에 이동할 수 있는 초고속 운송 수단의 출현은 인구와 부가 집중된 간토-중부-간사이 지역을 더욱 발전시키는 효과를 가져올 것으로 기대된다. 지금 정부는 지방 창생에 역행할 뿐만 아니라 균형 있는 국토 발전이라는 국가의 의무마저 방기해버렸다.

야마나시 구간을 시속 600킬로미터로 달리는 실험 열차를 직접 보니 걱정이 더 커졌다. "앞에 있는 새까만 어둠을 보지 못하고 움직이는 기차는 위험한 표본이다"(『풀베개』)라는 소세키의 말을 머릿속에서 떨쳐낼 수 없었다.

권력의 원천, 도로망
-노후화와 뒤틀림

"주오 프리웨이 (중략) 이 길은 마치 활주로처럼 밤하늘로 이어지네." 아라이 유미荒井由実의 결혼 전 마지막 앨범에 수록된 〈주오 프리웨이〉의 가사다. 프리웨이란 신호가 없는 자유로운 도로이다. 이 노래는 현실을 경쾌하게 뛰어넘어 별똥별처럼 달려가고픈 바람을 담고 있다. 노래가 유행한 1970년대 중반에 일본의 승용차 보유 대수는 1500만 대였고, 2016년에는 약 4000만 대로 증가했다. 저출산·고령화와 핵가족화가 빨라지는 가운데, 1970년대 중반에 약 600만 대이던 경차는 2016년에 3200만 대를 넘어섰다.

자동차의 양 바퀴

1919년 내무성이 관할하던 도로를 국가와 지방자치단체가 구분하여 관리하도록 한 「도로법」이 제정되었다. 같은 시기에 「도시계획법」도 제정되었다. 이로부터 약 100년간 자동차 보급이 가속화되었다. 자동차의 보유 대수가 1만 배 이상 뛰어올랐는데, 도로 없이는 불가능한 일이었다. 지금 일본의 도로 총연장은 약 120만 킬로미터로, 적도를 30바퀴 돌 수 있는 길이이다.

별똥별이 되어 주오 프리웨이 위로 날아가고 싶다는 바람은, 도로라는 기간 인프라스트럭처infrastructure◆ 없이는 상상할 수 없었을 것이다. 자동차의 대량 생산, 이 자동차를 구매할 수 있는 가처분소득을 가진 신중간대중◆◆, 그리고 전국으로 뻗어나간 도로망. 이 세 가지가 갖추어졌을 때 이동하는 밀실로서의 자동차는 경쾌한 프리웨이의 꿈을 실현시키는 자유로운 공간이 된다.

컨베이어벨트로 이루어진 복수의 제조 라인을 동기화한 생산 시스템과, 당시로서는 파격적인 일당 5달러의 임금을 지불해 모델 T를 구매할 수 있는 노동자 고용 시스템을 구축한 포디즘Fordism◆◆◆이 나온 지 100년이 지났다. 일본은 포디즘을 가장 성공적으로 발전시킨 후계자일지도 모르겠다.

전후 부흥의 천우신조라 불리는 한국전쟁이 한창이던 때, 가솔린세를 도로 특정 재원으로 하는 임시 조치가 발효되었다. 이로써 도로

◆ 생산이나 생활의 기반을 형성하는 중요한 구조물이다. 도로, 항만, 철도, 발전소, 통신 시설 같은 산업기반과 학교, 병원, 상하수 처리 시설 같은 생활기반이 있다.

◆◆ 일본의 경제학자 무라카미 야스스케村上泰亮는 『신중간대중의 시대』에서 1960년대 이후 일본 사회에 등장한 중간 계층을 신중간대중이라 불렀다. 지금은 신중간층이라는 용어로 정리되었다. 이전의 중간 계급, 즉 자영농, 중소 상공업자, 전문직 등 생산수단은 소유하나 노동자는 고용하지 않는 계급과 달리, 스스로 생산수단을 소유하지 않고 관청이나 기업에서 사무직, 관리직, 전문직, 교직 등에 종사하는 화이트칼라를 가리킨다.

◆◆◆ 미국 포드사의 생산 관리에서 비롯한 경영 방식이다. 1913년 헨리 포드는 컨베이어 벨트와 분업에 기반한 대량 생산 체제를 도입하여 1920년대까지 '모델 T'의 가격을 절반 이하로 낮추었다. 이 방식이 공정의 세분화와 노동자 동선의 표준화를 통해 생산 효율성을 극대화하는 과학적 관리법의 성공 사례로 널리 수용되면서 20세기를 대표하는 산업-소비 시스템으로 자리 잡았다. 그러나 품질과 가격만 최우선으로 한 단일 모델이 점차 유행을 반영한 다양한 디자인의 제품에 밀리기 시작하였고, 지나친 공정 분할과 단순 반복 작업의 부작용으로 결근과 이직이 급증하면서 1960년대에 이르러 다품종을 소량 생산하는 유연한 생산 라인에 기반한 포스트 포디즘이 등장하게 된다.

정비에 필요한 재원이 확보되었다. 자동차와 도로의 선순환을 권력의 원천으로 삼아 일본 개조*를 시도한 사람이 바로 다나카 가쿠에이田中角榮**이다.

'도로족'이라는 말이 시사하듯, 도로 계획과 경로 선정, 건설과 정비가 지역의 물산·유통·교통의 개발과 결합하면서 지역 이기주의 정치가 만연해졌다. 다나카 가쿠에이는 도로족의 개척자이자 완성자이다. 그와 같은 신흥 세력이 도로를 자원으로 삼을 수 있었던 것도 메이지 이래 기득권층이 나서서 국가의 인프라 정책을 철도 중심으로 펼쳤기 때문이다.

국가의 형태

메이지 시대에 국가가 도로에 관해 가장 먼저 취한 정책은 유료화이다. 1871년(메이지 4년), 다이조칸후코쿠太政官布告*** 제648호는 도로와 교량의 건설과 정비, 운영에 민간이 참여할 수 있도록, 또한 그 재원으로 쓰기 위해 요금을 징수할 수 있도록 허락했다. 그 첫 번째

◆ 일본 열도 개조론. 1972년 다나카 가쿠에이가 제창한 국토개발론이다. 고속도로와 신칸센을 확충하여 인구와 산업을 지방으로 분산시키고 과소와 과밀을 동시에 해소하려는 구상이다. 그 결과 투기 과열로 땅값 급등과 인플레이션을 초래했고, 뒤따른 1차 석유파동으로 일본 경제는 파탄에 이른다.

◆◆ 정치가, 1918~93년. 1972~74년까지 자민당 총재 및 총리대신을 지냈다. 1972년 총리대신에 취임하자, 고학의 이력으로 붐을 일으켰다. 취임 2개월 만에 중일 공동성명을 발표하는 등 결단력과 행동력이 좋은 평가를 받았다. 그러나 일본 열도 개조론으로 파국에 이르고, 사임 후 대규모 정치 스캔들인 록히드 사건의 중심인물로 체포된다.

◆◆◆ 메이지 시대 초기, 최고 행정 관청인 다이조칸太政官이 공포한 법령의 형식. 1873년 이후는 일반 국민에 대해 발하는 것만을 이른다. 1886년 공문식의 제정으로 폐지되었다.

사례가 1875년에 개통한 오다와라시의 이타바시에서 하코네유모토까지 4.1킬로미터를 잇는 도로다. 이미 열도의 줄기를 철도로 연결하였지만, 역에서 다시 지방 곳곳으로 연락하고 운송하려면 도로가 필요했다. 때문에 산간벽지나 자연 장애물로 막혀 있는 지역에서는 도로가 왕래와 연락, 운송의 맥류脈流로 환영받았다.

시즈오카시 스루가구 소재의 역참 마을 우쓰노야는 매우 흥미로운 장소이다. 이곳은 현재 40세대가 살고 있는 도카이도 연변의 집락촌으로, 메이지 시대에 일본 최초의 유료 터널인 메이지 터널이 개통된 곳이다. 다이쇼, 쇼와, 헤이세이 시대에도 터널이 만들어져 현존하며, 쇼와와 헤이세이 시대의 터널로는 국도 1호가 달리고 있다. 우쓰노야는 근대 일본의 도로가 산간벽지를 얼마나 빠르게 바꾸었는지를 압축해놓은 전시관이나 마찬가지이다.

시즈오카 시내에서 국도 1호를 타고 서쪽으로 15분을 달리면 '길의 역 우쓰노야 고개'가 보인다. 국도를 가로지르는 육교를 건너는데 단정한 돌길 양쪽으로 집들이 늘어서 있었다. 시간이 멈춘 듯 고요했다. 잠시 후 자동차의 소음도 그치고, 고요한 산간의 아름다운 광경이 눈앞에 펼쳐졌다.

목가적인 경치 뒤에 예전부터 험하기로 유명한 우쓰노야 고개가 있다. 1878년, 터널이 개통된 후에야 고개를 넘어가는 수고를 덜 수 있었다. 벽돌로 만든 길이 200여 미터의 터널에 들어서니, 마치 시간 여행이라도 하는 듯한 기분이 들었다. 당시에는 자동차가 아니라 사람, 마차, 인력거가 다니는 유료 터널이었다. 터널 덕분에 산촌의 교통 사정이 크게 개선되었다. 다이쇼, 쇼와, 헤이세이 시대에도 각각

터널이 뚫리며 국도 1호가 되어 '일본국 도로원표'가 설치된 도쿄 니혼바시까지 이어졌다.

일본의 도로 총연장 120만 킬로미터 중 시정촌의 도로가 압도적인 비율(80퍼센트 이상)을 차지한다. 시정촌 도로 위에 우쓰노야 고개를 달리는 국도 1호 같은 일반 도로가 있고, 그 위를 고속도로가 달린다. 도로는 국토의 모터리제이션을 재촉하고 일본의 각 지역을 긴밀하게 결합했다.

급격한 저출산·고령화와 과소화, 도쿄를 중심으로 하는 대도시의 현저한 집중화는 새로운 문제를 초래했다. 지방은 피폐해졌고, 때마다 찾아온 거대 재해에 파괴되었다. 도로 등 인프라의 노후화는 전 국토의 균형 성장을 비틀어버렸다. 도로의 기능을 유지하고 지탱해

도카이도의 옛 모습을 간직한
역참 마을

줄 재원을 확보하는 일이 중요해졌다. 도로의 기능을 향상시키고 국토의 균형 발전을 이루기 위해 일본 정부는 무엇을 할 것인지 답해야 한다.

8

근대의 나락으로
가다

1 - 도치기현 아시오 광산

2 - 도치기현 야나카무라

3 - 구마모토현 미나마타시

바다가 들려준 일본의 고질병
─미나마타병을 방치한 차별 구조

공해란 무엇인가. 1931년에 제정된 「환경기본법」에 나온 정의를 읽어봐도 공해란 무엇이며 왜, 누가 초래하는지, 그리고 누가 희생되는지 알 수 없다. 거기에는 "사업 활동 및 그 외 사람의 활동"에 의해서 "대기와 수질의 오염" 등이 진행되어 "인간의 건강 혹은 생활환경에 피해가 생긴다"라고만 쓰여 있다.

기본법의 정의에는 가장 중요한 부분이 빠져 있다. 공해의 주체와 객체가 없다. 공해의 정의는 활동에 초점을 맞추고 있을 뿐, 누가 주체인지에 관해서는 입을 다물고 있다.

세상을 보는 거울

말할 필요도 없이, 사업 활동의 주체는 기업이다. 기업은 가계, 정부와 함께 국가의 부를 형성하는 경제 주체이다. 왜 사(私)적인 경제 단위인 기업의 활동이 초래한 피해를 공(公)해라고 부르는 것일까? 시민의 건강과 자연, 생활환경에 심각하고 거대한 피해를 입히기 때문이며, 그 피해가 정부와 사회 전 영역으로 확대되기 때문이다.

공해가 자연과 풍토, 인프라와 노동, 전통과 문화 등이 일체화된 생활권의 파괴를 초래한다면, 이는 지역 커뮤니티의 완만한 제노사이드(대량 학살)나 다름없다.

어찌하여 이런 참상이 방치된 것일까? 왜 소송이 끝날 때까지 아득히 긴 세월이 필요했을까? 왜 피해자는 이중 삼중으로 고통을 받아야 했을까? 미나마타병水俣病*을 생각할 때마다 이 질문을 하지 않을 수 없다.

일본 최악의 공해 재난인 미나마타병의 역사를 전하는 '미나마타병 역사 고증관' 팸플릿에는 이런 말이 쓰여 있다. "왜 죄 없는 사람들이 불합리한 고통을 강요당해야 했을까?"

무고한 백성에게 닥치는 공해라는 이름의 구조적 나락. 그 역사를 따라가다 보면 일본 근대의 편린이 보일지도 모르겠다. '미나마타병은 세상을 보는 거울이다. 이 거울은 근대 일본의 다양한 사건을 잔혹하게 비추고 있다.' 이런 예감을 품고 구마모토현 미나마타시로 날아갔다.

미나마타병이 공식 확인(1956)된 지 60년, 나는 미나마타만 매립지에 세운 '에코파크 미나마타'에 서 있었다. 세차게 내리치는 빗속의 바다는 사나웠다.

맑은 날에는 즐거운 얼굴을 불쑥 내밀고 손님을 환영하는 고이지시마도 빗물에 흐려져 보이지 않았다. 친수호안親水護岸**에 가까이 가자 '처얼썩 처얼썩' 하고 콘크리트 제방을 세게 치면서 부서지는 파도 소리가 들렸다. 문득 이시무레 미치코石牟礼道子가 『고해정토苦海

◆ 구마모토현 미나마타시 바닷가 마을 일대에서 집단 발병한 수은 중독에 의한 신경질환. 질소비료 공장의 폐수에 오염된 물고기와 조개를 먹은 사람들이 수은에 중독되어 마비, 언어장애, 운동장애, 시야 협착, 난청 등을 앓았다. 이타이이타이병, 니가타 미나마타병, 욧카이치 천식과 함께 '일본 4대 공해병'으로 일컬어진다.

◆◆ 바다 기슭이나 강가의 둑이 무너지지 않도록 쌓은 호안을, 사람들이 바다나 강을 즐길 수 있는 형태로 가꿔놓은 구조물이다.

淨土』*에 쓴 말이 떠올랐다. 바다에 있는 자연의 보물이 사람을 살리던 무렵에는 파도가 바위 사이로 밀려들어와 찰싹 찰싹 소리를 냈다는 구절 말이다.

매립지는 환경과 건강의 중요성을 보여주는 공원으로 정비되었다. 얼핏 보면 죽음의 바다였다는 사실을 알아차릴 수가 없다. 하지만 매립지 아래에는 유기 수은에 오염된 갯벌과 절멸한 바다 생물들의 사체가 잠들어 있다. 생각이 거기에 미치자 마음 깊은 곳에서 감정이 북받쳐 올라왔다.

미나마타병 위령비 쪽으로 눈을 돌리니 비에 젖은 불상 다마시이시魂石가 보였다. 불상은 인간의 어리석음을 안타까워하는 듯했다. 진혼과 위령을 행하는 자비로운 표정을 나락으로 떨어진 이들이 볼 수 있었는지 모르겠다.

과거에는 미나마타병을 '우시테(버리는)** 미나마타병'이라고 불렀다. 두꺼운 콘크리트가 오랫동안 버려져 있던 '기민의 병'을 덮고 있을 뿐이다. 그런 생각이 앙금처럼 가라앉아 마음을 어둡게 했다.

고해와 정토

미나마타병을 공해의 원점이라고 하는 이유는 그때까지의 경험으

◆ 미나마타병의 참상을 파헤친 기념비적 기록 문학이다. 환자의 고통과 정부 대응의 실태를 고발하여 큰 반향을 일으켰다. 이시무레 미치코는 이후로도 30여 년간 이 문제를 파고들어 방대한 저술을 남겼는데, 강상중의 이 책이 일본에 출판된 직후인 2018년 2월 지병으로 타계하였다. 한국어판의 제목은 『슬픈 미나마타』(2007)이다.

◆◆ 미나마타 사투리로 버린다는 뜻이다.

로는 상상할 수 없었던 피해를 초래했기 때문이다. 무엇보다 달랐던 것은 메틸수은◆이 환경을 오염시키고, 그것이 먹이사슬 위로 거슬러 올라가며 생물계 전반에 해를 입혔다는 점이다. 독극물을 직접 섭취하여 생긴 중독과 근본적으로 달랐다. 인류 역사상 처음으로 태아까지 독성에 중독되는 사태에 이르렀다(하라다 마사즈미原田正純).

'독물을 바다와 강에, 그리고 대기에 버려라. 자연이 희석해줄 것

◆ 유기 수은 화합물의 하나. 살충제 등 농약에 사용하는 유독 물질이다.

『고해정토』의 저자
이시무레 미치코와 함께.

이다. 인간에게는 무해할 것이다.' 자연의 유한성을 무시하는 태도, 자연의 힘을 과신하고 마음대로 행동한 결과가 미나마타병이다. 이 것이 인간과 자연의 순환적 일체성을 뿌리째 파괴하고, 해양생물과 고양이, 가축, 그리고 인간의 몸을 갉아먹었다. 미나마타병은 먹이사 슬로 이어지는 생명의 순환을 끊어버렸다.

그럼에도 공해의 가해자인 신일본질소비료(현재 짓소)의 반응은 둔 감했다. 발생과 확대 방지뿐 아니라 배상과 구제도 하지 않은 채, 오 히려 태만을 되풀이했다. 피해가 확인되고 12년이 지나서야 아세트 알데히드 제조 설비의 가동이 중지되고 수은 유출이 멈추었다. 또 40년이 지나서야 환자 단체와 화해 협정에 조인했다.

어찌하여 피해자가 이렇게까지 버려졌을까? "우는 아이와 마름에 게는 못 당한다"는 속담이 미나마타에서는 "우는 아이와 짓소에는 못 당한다"라고 바뀌었을 정도로, 짓소를 정점으로 하는 위계의 피 라미드가 높게 솟아 있었기 때문이다. 어부는 차별 구조의 밑바닥에 깔려 있었다. 피해자들은 마을 사람들로부터 정체를 알 수 없는 기괴 한 병에 걸렸다고 멸시받으며 병고와 빈곤으로 내몰렸다. 정부는 이 들을 돕지 않고, 오히려 매몰차게 내던졌다. 부작위不作爲가 반복되고 참상은 묵인됐다. 책임지지 않을 수 없게 된 후로는, 사실상 구제를 억제하는 '인정 기준'을 방패 삼아 피해자들이 서로 시기하도록 만 들었다.

미나마타병에 걸려서 차별이 생긴 게 아니라, 차별이 있는 곳에서 공해가 발생했다고 하는 편이 정확할지도 모르겠다. 그러는 사이에 차별은 배 속의 태아에게까지 향했다.

더위가 아직 물러가지 않은 늦여름, 어느새 환갑이 된 태아성 환자가 모인 공동 작업장 '홋토하우스'를 방문했다. 시설 책임자인 가토 다케코加藤タケ子의 안내로 환자들을 만날 수 있었다. 고된 삶에 지쳤을 것이라는 예상과 달리, 그들은 희노애락을 가득 담은 풍부한 표정을 하고 있었다. 누군가는 이들을 가리켜 근대의 나락에서 얻은 "미나마타의 보물"이라고 불렀다. 미나마타병 환자인 동시에 미나마타 후쿠로 지구 생산자연합회장을 역임한 가타리베語り部◆ 스기모토 다케시杉本雄가 한 말이다. 그의 뒤를 이어 미나마타의 기억을 전하는 아들 스기모토 하지메와 함께 후쿠로만으로 갔다. 황금색으로 빛나는 아마쿠사의 섬을 바라보고 있노라니 "생물 가운데 한 마리"(어부이자 미나마타병 환자 오가타 마사토緖方正人가 한 말이다)가 되어 바다로 헤엄쳐 가고 싶은 기분이 들었다. "고해정토." 나는 무심코 이렇게 중얼거렸다.

반복되는 인간 무시 사상
-검붉은 아시오의 통주저음

"미나마타병의 문제 구조 중 작은 것은 메틸수은이며, 중간 것은 오염 물질을 방출한 짓소, 가장 큰 것은 사람을 사람으로 보지 않는

◆ 이야기꾼. 고대에 문자를 쓰지 않던 시대에 조정에 출사하여 전설이나 고사, 궁정의 의식 등을 외워서 이야기하는 것을 소임으로 했다. 현대에도 옛날이야기, 민화, 신화, 역사, 방언 등을 전승하고 있다.

차별이다." 태아성 미나마타병을 발견한 하라다 마사즈미는 미나마타병을 이렇게 분석했다.

사람 목숨이 가장 가볍게, 함부로 다뤄지는 순간은 바로 전쟁이다. 메이지 시대 이후 패전에 이르기까지 일본은 청일전쟁, 러일전쟁, 1차 세계대전, 시베리아 출병♦, 만주사변, 중일전쟁, 태평양전쟁이 이어지는 70년을 보냈다. 2차 세계대전 후 일본은 전쟁의 시대를 반성하며 사람을 사람으로 여기지 않는 차별을 철폐하고, 인간이 인간으로서 존중받고, 인간이 인간을 살리는 사회를 만들기 위해 노력했어야 한다.

멸망한 마을

사회 건설이 가장 활발했던 시기(고도성장기)에 미나마타병이 발생했다. 미나마타병은 여전히 과거가 아니다. 지금도 인간을 인간으로 여기지 않는 상황이 이어지고 있기 때문이다. 100년이 지났어도 과거가 되지 않았다는 의미에서, 아시오 광독 사건 또한 공해의 원점이라 할 만하다. 이 사건은 근대의 나락에서 끊임없이 일본의 행보를 묻고 있다.

노동 운동가 아라하타 간손荒畑寒村은 혈기왕성했던 20살 즈음에 쓴 『야나카무라 멸망사』에서 이렇게 말했다.

"아아, 광독 문제! 말로 뭐라 한들 이미 오래되었고, 일은 아직도

♦ 1918~24년. 10월혁명으로 집권한 볼셰비키당의 공산 정권을 붕괴시키기 위해 미국, 영국, 프랑스, 이탈리아 등이 시베리아로 출병한 사건. 일본도 대규모 병력을 파병했다. 최종적으로 공산당이 승리하고 소비에트연방이 성립되었다.

도치기현 닛코시
아시오 동 광산의 본산 제련소 터에서

새로우니. 누군가 말하기를 광독은 이미 절멸했다고, 광독 문제는 과거의 일이라고 한다. 보라, 현실은 이 말이 거짓이라고 증명하지 않는가."

아시오 광독 사건은 과거가 아니다. 오히려 지금 더 새롭다. 이를 확인하기 위하여 나는 사건이 벌어진 도치기현 야나카무라, 곧 멸망의 땅으로 발길을 옮겼다.

와타라세 유수지에 마을 유적이 보존되어 있었다. 유수지는 간토 평야에 펼쳐진 갈대밭이다. 도치기, 이바라키, 사이타마, 군마 등 4개

현에 걸친 도네강 수계의 와타라세강에 있는 커다란 유수지는 왜 생겼을까? 어찌하여 마을 하나가 통째로 사라져버린 것일까? 이는 아시오 광독 사건과 어떤 관련이 있을까? 여기에서 무슨 일이 일어났을까? 이미 몇 번이고 미나마타를 방문한 적이 있지만, 질문은 꼬리를 물고 계속 나타났다.

만추의 일요일. 날씨는 마치 봄이 온 것처럼 포근했다. 곳곳에서 가족과 연인들이 즐거운 한때를 보내고 있었다. 몇 군데의 습지를 지나 야나카무라 유적을 향해 가다 보니 물이 넘실대는 와타라세 유수지가 나타났다. 카누와 서핑을 즐기는 사람들 사이에 섞인 나는 공원에 놀러온 듯한 기분이 되었다.

안내를 해준 이는 다나카쇼조대학의 사카하라 다쓰오坂原辰男 사무국장이다. 역사의 짐을 온몸으로 지탱해왔기 때문일까? 그의 얼굴은 역사의 깊이가 새겨져 있는 듯 중후했다. 그럼에도 어딘가 젊은 느낌이 드는 사카하라를 따라 나는 하늘 높이 자란 갈대숲 사이로 난 좁은 길을 걸어갔다. 다나카 쇼조田中正造*의 거점이 된 라이덴雷電 신사** 옛터와 엔메이인延命院(일련종 사원) 옛터, 그리고 공동묘지가 모습을 드러냈다.

피눈물

한쪽에 잃어버린 역사의 길을 가리키는 것처럼 하얀 간판이 서 있

◆   메이지 시대의 사회 운동가이자 정치가이다. 아시오 광독 사건을 고발했다.

◆◆   간토 지방을 중심으로 일본 전국에 퍼져 있는 신사의 한 종류. 벼락을 피하는 신을 모신다.

었다. 간판은 이곳이 바로 대지에서 송두리째 뽑혀 버려진 사람들의 고향이라고 말하고 있었다. "야나카, 동銅 광산과 싸우다. 관헌이 개입하여 광산을 도와주다. 인민은 죽음으로 지킨다. 무엇을 지키는가. 헌법을 지키고 자치권을 지키고 선조를 지킨다. 죽음으로 지킨다."

목숨을 걸고 아시오 광독 사건을 천황에게 직소(1901)한 다나카 쇼조가 쓴 일기의 한 구절이다. 이 구절처럼 1907년 6월 29일부터 7월 5일까지 16호의 가옥이 정부에 의해 강제 철거되면서 야나카무라는 소멸을 강요당했다.

정부는 왜 이렇게 흉포하고 잔혹하게 주민을 탄압했을까? 야나카무라에 저수지를 만들기 위해서였다. 홍수 때 아시오 동 광산의 독물이 에도강으로 흘러들어가 수도 도쿄를 오염시키는 것을 막기 위해서였다. 하지만 애초에 홍수는 삼림의 남벌 때문이며, 에도로 흘러간 독은 야나카무라 주민이 만든 것이 아니다. 삼림 남벌과 광독 유출은 정부가 7600정(1정은 약 3000평이다)의 관림을 후루카와 재벌에 불하하면서 시작되었다.

독물과 남벌의 피해는 도쿄가 아니라 야나카무라 등 와타라세강과 도네강이 흐르는 도치기, 군마, 이바라키, 사이타마를 오염시켰다. "간토 중간에 보이는 풍요로운 옥토"(다나카 쇼조, 「비상탄원서」)였던 야나카무라는 자본과 국가의 죄를 인멸하기 위해 저수지에 매장당했다.

사카하라 사무국장은 가을이 되면 공동묘지의 점점이 흩어진 이끼 긴 묘석과 무봉탑◆, 십구야탑十九夜塔◆◆, 석산(히간바나彼岸花◆◆◆) 등이 붉게 물든다고 한다. 그건 "하얀 갈대, 노란 띠 사이를 방황하며 해 저

물녘의 그림자를 바라보니 유사有司(관리)의 냉혹함과 세상의 무정에 절규"(아라하타 간손)해야만 했던 무고한 백성의 피눈물이 아닐까. 야나카무라는 외롭고, 슬프고, 절절한 옛 모습 그대로 남아 있었다.

야나카무라가 멸망에 이르는 과정이 미나마타병 역사의 궤적과 고스란히 겹쳐졌다. 똑같은 패턴이 이미 근대 초창기에 잉태되었던 것이다. 이 패턴은 마치 통주저음◆◆◆◆처럼 모습을 바꾸며 반복해서 나타났다.

유수지에서 차로 2시간을 달려 아시오 동 광산의 제련소 터에 도착했을 때, 산은 이미 어둠에 휩싸여 있었다. 흡사 유명계幽冥界(신불이 있는 세계)가 이런 풍경일까. 군함도에서 보았고 미쓰이미이케 광산 터에서도 목격한 폐허가 여기에도 있었다. 제련소 위로 올라가는 도로는 차단되었다.

산은 나무 하나 없이 헐벗고 있었다. 반세기 전에 작가 이시무레 미치코는 이 모습을 보고 "검붉게 물든 명부의 계곡"이라고 이름 지었다. 이 명부는 번영하던 옛 제국의 수도, 그리고 현재의 메트로폴리스 도쿄가 책임져야 하는 근대의 나락이다. 이시무레 미치코는 이렇

◆ 불교의 탑 양식 중, 달걀 모양의 탑을 이르는 말이다.

◆◆ 달을 섬기는 민간 신앙인 쓰키마치토月待塔의 한 종류로, 매달 19일 밤 달이 떠 있는 동안에만 만들어진다고 전한다.

◆◆◆ 추분 즈음에 낀 일본의 성묘일을 히간彼岸이라고 한다. 이 시기에 묘지 등에 많이 피어서 히간바나彼岸花라고 한다.

◆◆◆◆ 음악에서 주어진 숫자가 딸린 저음 위에 즉흥적으로 화음을 보충하여 반주 성부를 완성하는 기법이다. 바로크 음악에서 자주 보이는 반주의 형태로, 악보에는 저음부의 선율만 표시된다. 연주자가 거기에 어울리는 화음을 붙여 연주하는 방식인데, 저자는 '항상 낮게 깔려 있는 생각이나 주장'을 이것에 비유했다.

게 말했다. "이 나라 수도의 등이 뼛속 골수에서부터 썩어 떨어져 내리고 있는 것이 잘 보인다." 홍수가 일어날 때마다 광독이 흘러들어 왔던 땅. 이 땅을 사카하라 사무국장처럼 다나카 쇼조의 유산을 계승한 이들이 지키고 있다. 계곡 사이로 부는 바람에서 "아시오 광독 사건은 여전히 새롭다"라는 아라하타 간손의 외침이 들리는 것만 같다.

잔치는
끝났다

1 - 나가노현 동계 올림픽 경기장
2 - 오사카 만국박람회 공원

시대착오적 발상
-박람회가 꿈꾼 미래

박람회와 올림픽 같은 화려한 국제 행사는 우리를 매료시킨다. 호화찬란한 다른 차원의 공간에서 벌어지는 국제 행사는 근대 프랑스에서 만들어졌다. 프랑스혁명기인 1798년, 파리에서 나중에 박람회의 원형이 되는 산업전시회가 열렸다. 국제올림픽위원회를 조직(1894)하여 근대 올림픽을 창시한 인물도 프랑스의 교육가 피에르 드 쿠베르탱Pierre de Coubertin이다.

세기의 전환기에 열린 크고 화려한 파리 만국박람회에 깜짝 놀란 나쓰메 소세키는 일기(1900년 10월 22일)에 다음과 같이 적었다. "박람회를 보다. 규모가 광대하여 사흘 걸려도 다 볼 수 없으며, 방향조차 가늠할 수 없을 정도다." 박람회장 부근의 큰 도로는 "긴자의 여름밤보다 50배 정도 밝았"다.

이념 없는 미로 속을 달리다

메이지 이후, 근대 일본은 식산흥업과 국위선양의 일환으로 국제 행사 개최에 홀려 있었다고 해도 과언이 아니다.

소세키 사후 100년, 만국박람회가 됐든 올림픽이 됐든 막대한 재정이 드는 이벤트를 멀리하는 나라와 도시가 늘어났다. 그럼에도 일본에서는 2020년 도쿄 올림픽과 패럴림픽 개최, 2025년 오사카 만국박람회 유치 운동, 2026년 아이치현·나고야시가 공동 주최하는 아시안게임, 또 2026년 삿포로 동계 올림픽 유치 운동이 줄줄이 기다리고 있다.

2020년 도쿄 올림픽만 해도, 이 행사가 반드시 도쿄에서 열려야 하는 이유가 보이지 않는다.* 그 때문일까. 엠블럼 디자인 표절 소동과 유치 로비 의혹, 신 국립경기장 건설 문제와 예상을 훨씬 뛰어넘는 총 경비, 거기에 경기장 변경 등 여러 가지 문제가 터졌다.

전 세계적으로 저출산·고령화와 저성장이 확산되는 가운데 다른 쪽에서는 빈부 격차와 생태계 파괴가 빨라지고 있다. 이런 때에 2조 엔 가까운 거액을 투입하여 메트로폴리스 도쿄의 선진성을 과시하겠다고? 올림픽이라는 국가적 이벤트를 통해 경제 효과와 국위 선양을 기대하고 있지만, 과연 가능할까? 올림픽과 만국박람회로 도시와 국가에 활력을 불어넣으려는 발상은 저출산·고령화가 진행되고 제로 성장이 당연해진 시대에 어울리지 않는다.

현대 사회에 어울리는 국제 행사란 어떤 것일까? 그 생각을 하며 1998년 동계 올림픽이 열린 나가노로 향했다. 도쿄와 오사카 같은 거대 도시나 다른 정령지정도시政令指定都市**와는 성격이 다른 나가노. 나가노의 5개 시정촌에서 열린 올림픽은 분명 구시대적 이벤트의 한계를 넘어설 가능성이 있었다.

◆　2020년 초 코로나19 바이러스가 전 세계를 덮치며, 도쿄 올림픽은 2021년 여름으로 연기되었다.

◆◆　정령으로 특별히 지정된 인구 50만 이상의 도시. 중앙 정부로부터 꽤 많은 자치권을 이양받았으며, 구를 설치할 수 있다. 오사카, 나고야, 삿포로 등 10개 시가 여기에 속한다.

전설과 고뇌

20세기 말의 상황을 돌아보면, 냉전은 끝났지만 걸프전쟁과 유고슬라비아 민족 분쟁 같은 또 다른 그림자가 드리우고 있었다. 다른 한편으로는 환경과 인간이 함께 앞으로 나아갈 수 있는 방식과 성숙사회의 전망을 질문하던 시기였다. 혼슈 한가운데에 위치해 수려한 자연을 뽐내는 나가노현에서 열린 올림픽은 산업주의와 거대화의 물든 올림픽을 본래의 이상으로 되돌려놓을 절호의 기회였다.

'사랑과 참여', '자연과 공존', 그리고 '아이들의 참가'를 주창한 나가노 올림픽은 전쟁과 풍요가 공존하는 모순으로 어질러진 극단적 20세기를 정리할 수 있었다. 하지만 이념과 현실은 언제나 갈라지기 마련이다. 나가노 올림픽의 경우, 무엇보다도 재정 문제가 계속해서 따라다녔다. 유치위원회에 의한 '장부 소각 사건'이 대표적인데, 시설비와 운영비, 그리고 유치 활동비를 포함한 지출 내역을 밝히지 않은 채 주민 부담액이 결정되었다.

이 문제는 나가노 올림픽이 1972년 삿포로 올림픽 때와는 달리 국가 보조를 받지 못하면서 발생했다. 운영비를 전혀 지원받지 못하고, 시설 건설비는 50퍼센트밖에 보조받지 못하는 상황에서 신칸센과 고속도로 등을 건설하는 데 약 1조 5000억 엔이 들었다. 막대한 투자가 필요한 최신 시설과 인프라 정비에 세이부西武 그룹의 자본이 밀려들어왔고, 지자체는 그 상황을 반겼다.

늦은 가을, 신슈의 하늘은 한없이 푸르렀다. 빨강과 노랑이 융단처럼 내려앉은 고원은 각별히 아름다웠다.

스키점프장에서 본 광경은 세계 어디에서도 볼 수 없을 절경이었

나가노현 하쿠바무라
하쿠바 스키점프장에서

다. 하지만 점프대를 비롯한 시설물을 열심히 보수하고 유지 관리하려 하고 있었지만 낡아버린 것을 부정할 수는 없었다. 이곳뿐 아니라 나가노시의 스피드스케이트 대회장과 아이스하키 대회장, 봅슬레이 대회장 등 전체 시설이 어떻게 유지되고 있는지 걱정스러웠다. 이는 올림픽의 감동 뒤에는 다양한 과제가 남는다는 것을 의미한다.

우리는 나가노에서 열린 올림픽에서 일본 선수들이 활약하는 모습, 다른 나라 선수들과 국경을 넘어 교류하는 장면을 보며 환호했다. 시내 각 초등 중등학교를 한 국가의 선수단과 연결한 '1학교 1국가 응원 운동'은 감동을 선사했다. 비록 동원된 사람일지언정, 많은 현민이 자원봉사자로 세기의 제전에 참가한 것은 나가노가 세계로, 세계가 나가노로 이어진다는 국제 감각을 심어주었다. 실제로 올림픽은 나가노라는 일본의 한 지방을 세계 도시로 끌어올렸다.

나가노 올림픽은 현과 리조트 개발 세력이 결합해 완성한 이벤트였으나, 동시에 현민의 역사와 기억에 언제까지고 남을 전설을 만들어냈다. 상업주의와 거대화, 국위선양에 물든 오늘날의 올림픽을 대체할 모델까지 제시하지는 못했지만, 그 안에서 다양한 가능성이 움텄음은 틀림없다.

반세기 전에 끊어진 미래
—만국박람회 터를 바라보며

1970년 3월, 오사카 센리千里 구릉의 넓은 땅에서 화려하게 개막한 오사카 만국박람회는 이례적 행사였다. 아시아에서 처음 열린 국제 박람회였으며, 대회가 진행된 183일간 6400만 명 이상이 오사카를 찾았다. 77개국과 4개 국제기관이 참가한 세기의 이벤트이자, 1940년 중일전쟁과 태평양전쟁 사이에 궤멸된 환상의 일본 박람회(도쿄를 대회장으로 한 '기원 2600년 기념 일본 만국박람회')의 꿈을 마침내 실현한 행사였다.

지구 찬가

도쿄 올림픽으로부터 4년 뒤인 1968년, 일본은 서독의 국민 총생산을 앞지르며 서방 진영 2위로 올라섰다. 오사카 만국박람회는 일본이 선진국 수뇌 회담(도쿄 서밋, 1979)을 주최할 정도의 경제 대국으로 가던 길의 중간 지점에 위치한다.

일본은 도쿄 올림픽, 오사카 만국박람회, 그리고 도쿄 서밋이라는 삼단뛰기를 통해 "재팬 애즈 넘버 원Japan as No.1"◆으로 극찬받는 국제 지위를 획득했다. 특히 올림픽 이후 첫 번째 국가 프로젝트였던 만국박람회에는 일본을 대표하는 기업과 쟁쟁한 연구자, 건축가, 예술가가 참여했다. 테마는 '인류의 진보와 조화'였다. 일본의 전통을 전 세계에 자랑하는 동시에, 21세기의 최첨단 테크놀로지와 자연 환경, 그리고 예술과 문화의 융합을 그렸다. "곤니치와(안녕)"로 시작하여 "악수를 하자"로 끝나는 주제가 〈세계의 나라에서 안녕〉◆◆은 일본이 기획한 지구 찬가가 얼마나 구김 없이 대중으로 침투했는지 보여준다.

그러나 박람회를 둘러싼 세상은 아수라장으로 변하고 있었다. 냉

◆ 전후 일본의 고도 성장과 산업 경쟁력에 주목하여 미국에서 일본 연구의 유행을 일으킨 에즈라 보겔Ezra Vogel이 1979년에 쓴 동명의 저서에서 유래한 표현이다. 일본이 1980년대에 호황을 누리면서 널리 인용되었으나 1990년대에 디플레이션과 장기 불황이 시작되며 의미를 상실했다. 강상중은 이 책의 10장에서 '일등국'에 대한 강박이 내적 차별 구조를 만들어냈다고 지적한다.

◆◆ 일본의 작곡가, 피아니스트인 나카무라 하치다이中村八大가 작곡하고 시인인 시마다 요코島田陽子가 작사했다. 1절의 가사는 다음과 같다. "안녕 안녕 서쪽 나라에서 / 안녕 안녕 동쪽 나라에서 / 안녕 안녕 세계의 사람들아 / 안녕 안녕 벚꽃의 나라에서 / 1970년의 안녕 / 안녕 안녕 악수를 하자."

전이 펼쳐진 가운데 1968~69년의 동대분쟁東大紛爭◆ 등 청년 세대에서 저항의 불길이 번졌다. 또 베트남전쟁, 중국 문화대혁명, 중동전쟁이 입을 벌리고 있었다.

고도성장의 부작용인 공해와 에너지 고갈, 환경 파괴 등이 어두운 그림자를 드리우는 와중에도, 1964년에 후쿠다 다케오福田赳夫가 말한 대로 쇼와겐로쿠昭和元禄◆◆가 지속되는 듯 보였다. '인류의 진보와 조화'라는 꿈은 쇼와겐로쿠의 여운을 담고 있었다.

1970년에 안보투쟁◆◆◆이 일어난 것을 보면, 태평한 가운데 아무렇게나 부르는 듯한 지구 찬가인 듯 보였으나 한 겹만 벗겨도 그 뒤에는 냉정한 현실이 도사리고 있었다. 그럼에도 일본 인구의 절반이 넘는 사람이 꿈의 21세기를 보기 위해 오사카부 스이타시 센리 구릉에 위치한 박람회장으로 몰려들었다. 엄청난 수의 관람객을 미래 세계로 운반할 신칸센과 고속도로, 지하철 등 교통수단과 인프라가 개발되며 '만박 특수'가 도시에 활기를 불어넣었다. 오사카는 일약 전 세계의 유명 도시로 바뀌었다.

카지노와 생명이 빛나는 미래 사회

날씨가 포근했던 12월의 어느 휴일, 박람회장 자리에 문을 연 기

◆　도쿄대학에서 벌어진 대학 분쟁으로, 동대투쟁이라고도 불린다. 학부생, 대학원생과 당국이 의학부 처분 문제와 대학원 운영의 민주화 과제를 둘러싸고 갈등했다.

◆◆　2차 세계대전 후 20년이 지나 태평한 분위기에 젖은 일본을 근세 초기의 태평성대인 겐로쿠元禄 시대(1688~1704)에 비유한 말이다.

◆◆◆　1959~60, 1970년 두 차례의 안보투쟁이 있었다. 여기서는 두 번째 안보투쟁을 뜻한다. 미일 안전보장조약에 반대하여 노동자, 학생, 시민이 대규모 반미 시위를 일으켰다.

념공원은 한적한 테마파크 같았다. 오카모토 다로岡本太郎가 디자인한 70미터 높이의 유명한 '태양의 탑'을 보고 숨이 턱 막혔다. 이 탑은 미래를 표현하는 '황금의 얼굴', 현재를 상징하는 '태양의 얼굴', 과거를 나타내는 '검은 태양', 이렇게 세 얼굴을 가졌다고 한다. 반세기가 흘렀지만 결코 빛바래지 않는 기념물을 보고 기분이 이상해졌다.

박람회 당시 철망관♦이었던 건물을 개조, 보수하여 기념관으로 탈바꿈한 'EXPO 70 파빌리온'에 남겨진 음악당 스페이스 시어터에 가니 기분이 더욱 이상해졌다. 다케미쓰 도루武満徹♦♦가 연출한 스페이스 시어터는 음악, 미술, 사진, 빛, 영상, 시, 무대예술, 조각 등을 융합한 미래 예술 실험실이었다. 지금도 반짝이는 예술 작품이 즐비한 스페이스 시어터는 마치 어제 문을 연 미술관처럼 세련되었다. 그렇다면 미래는 이미 반세기 전에 끝난 걸까? '인류의 진보와 조화'♦♦♦는 제대로 실현된 적도 없이 완전히 끊어지고 만 것인가?

오사카 만국박람회가 끝나자마자 오일 쇼크가 전 세계를 덮쳤다. 세계적 민간 싱크탱크 로마클럽은 '성장의 한계'를 경고했다. 자원의 유한성이 대두되면서 오사카를 중심으로 한 간사이 경제권은 쇠락의 길을 걷게 되었다. 박람회를 지렛대로 삼았던 신칸센 확충과 항공 운송망 확대, 그리고 석유파동 이후의 산업 구조조정은 일본 경제를 도

♦ 일본철망연맹의 전시관으로 '철의 노래'를 주제로 한 건물. '스페이스 시어터'와 '호와이에'로 구성되었다. 당시에는 음악당으로 사용되었다.

♦♦ 1930~96년. 일본의 작곡가. 만박 철망관 음악감독.

♦♦♦ 오사카 만국박람회의 공식 주제이다.

쿄로 집중시켰다. 그 무엇도 간사이 경제권의 몰락을 막을 수 없었다.

현재 지역 부흥의 마지막 희망을 걸고 2025년 오사카 만국박람회 유치 운동이 한창이다. 카지노가 포함된 통합 리조트를 박람회장 인근에 건설할 계획이다. 리조트 단지에 70헥타르, 박람회장에 100헥타르가 필요하다. 오사카만에 떠 있는 유메시마가 후보지로 주목받고 있다. 이곳은 도시에서 배출된 폐기물 등을 매립하여 만든 인공섬이다. 오사카시는 2008년 올림픽 유치에 나서면서 "오사카 앞 바다에 띄우고 싶다"라며 유메시마를 "환상의 오사카 올림픽" 선수촌으로 설계했다. 격리된 인공섬에서 박람회를 열 꿈에 부풀어 있다. 시는 방문객 3000만 명, 간접 효과까지 포함하여 약 6조 엔의 경제 효과를 낼 수 있다고 추정한다. 주제는 "생명이 반짝이는 미래 사회의 디자인"이다. 카지노와 '생명이 반짝이는 미래 사회'라는 어색한 조합이라니, 반세기 전 개최된 만국박람회를 추동하던 긍정의 에너지가 전혀 느껴지지 않았다.

일본의 변화를 이끌고 활력을 불어넣을 계기가 보이지 않는다. 이런 상황에서 국제 행사를 연들 미래는 닫히고 잔해만 부유할 게 뻔하다. 으스스한 매립지를 바라보고 있자니 마음이 황량해졌다.

차별이라는 이름의 병

神奈川県立 津久井やまゆり園

1 - 가나가와현 쓰쿠이야마유리엔

2 - 구마모토현 기쿠치케이후엔

유용성을 선별하는 시선
-일등국가 강박증

차별은 왜 사라지지 않을까? 우리 사회는 자기 의사로 바꿀 수 없는 속성을 이유로 개인을 차별하지 못하게 하고 있다. 인간이 모두 평등하다는 명제는 어디에서나 당연하다. 하지만 차별은 사라지지 않았다. 지금도 바이러스처럼 왕성하게 번식하고 있다. 공동체가 어떻게 세워져 있는지를 비춘다는 점에서 차별은 근원적 문제라고 할 수 있다. 사회적 차별의 원인은 차별받는 쪽이 아니라 차별하는 쪽에 있다. 이러한 점에서 차별을 통해 우리 사회의 질서와 규범, 공통의 인간성과 감수성이 드러난다.

나병이라는 은유

근대 일본은 어떤 차별을 만들어왔을까? 이를 알기 위해서는 건강(신체)과 질병(특히 지적 능력에 영향을 미치는)의 사회사를 분석해야 한다. 그것이 지금도 우리의 차별 의식에 깊이 뿌리를 내리고 있기 때문이다. 특히 한센병과 지적장애는 현대까지 이어진 사회적 차별 가운데 가장 극단적이며 심각한 유형을 잉태했다.

질병이 의학과 병리학의 대상에 머물지 않고 사회적 의미를 획득하는 순간, 도덕주의적 징벌성이 부여된다. 질병은 타락, 퇴폐, 무질서, 나약함 등과 동일시되며, 그 자체로 은유가 되어 평범한 이들의 일상에 침투한다(수전 손택Susan Sontag). 한센병 환자들은 '얼굴의 무너짐'이 '인격의 무너짐' 때문이라고 오해받고 역겨운 대상으로 전락했다.

근세 후기에서 근대를 거치며 일본은 유행병을 환경 오염의 결과
인 동시에 "도덕적 퇴폐와 악덕"(히로타 마사키ひろたまさき)의 발현으
로 여겼다. 한센병은 악덕이 살고 있는 육체이자 인격의 폐허로 간주
되고 부정과 불결, 빈곤과 연결되면서 은유가 되었으며 '추함' 그 자
체를 가리키는 형용사가 되었다.

나병의 은유가 아이들의 마음속에 스며들면 어떻게 될까? 그런 일
이 바로 나에게 일어났다.

'무無나병 운동'을 가장한 '나환자 사냥'이었던 혼묘지本妙寺 사건◆
과 한센병 환자 자녀의 통학을 거부한 사건 등 한센병을 둘러싼 차별
이 반복되었다. 구마모토에는 국립 한센병 요양소 기쿠치케이후엔菊
池惠楓園이 있다. 지금도 요양소 안에 남아 있는 환자 감금실은 나병에
대한 은유가 현실의 차별로 이어진 증거이다. 나는 나병의 은유가 생
생한 구마모토에서 성장했다. 그래서 더 그랬을까. 나병의 공포에 사
로잡힌 나는 우리 집을 드나들던 가네코金子 씨를 집요하게 피했다.
그와 살이 닿으면 내 몸이 무너져 내릴 것이라고 두려워하기까지 했
다. 재일 조선인인 그는 한센병과 민족 차별, 그리고 빈곤에 겹겹이
둘러싸여 신음하고 있었을 것이다.

그로부터 반세기가 지난 어느 날, 나는 처음으로 마음속 두꺼운
벽 안에 밀어놓았던 가네코 씨를 방문했다. 요양소는 완연한 봄기운

◆ 1940년 구마모토시의 혼묘지라는 절 부근의 한센병 환자 마을에서 경찰이 환자를 체
포하고 강제 수용한 사건. 환자의 가족은 뿔뿔이 흩어지고 그들이 살던 곳은 소각되었다.

에 녹아 잠든 듯이 조용했다. 솔솔 부는 바람에 꽃잎이 떨어지는 풍경 사이로 장신의 노인이 유유히 휠체어를 굴리며 다가왔다. 나의 참회를 부드러운 웃음으로 받아준 그는 내게 힘을 실어 말했다. "살아야 한다. 살고 또 살고 살아서, 끝까지 살아야 해. 그게 내 자존심이야." 한센병이라는 고난의 길을 쉼 없이 걸어온 가네코 씨는 나의 아버지나 어머니보다 더 오래 살았다.

문명개화의 잔재

나는 궁금했다. '무학'에 가까웠던 내 아버지와 어머니는 격의 없이 가네코 씨와 교류했다. 그런데 학교 사회의 질서와 규범의 '우등생'이었던 나는 왜 그에게 공포를 느낀 것일까? 문명과 야만의 이항대립을 축으로 하는 문명개화의 잔재 때문일까?

일본은 나환자를 도리를 모르고 미개한 우민愚民, 토인土人, 더 나아가 광인狂人으로 몰아붙였다. 빈곤, 불결, 부덕, 그리고 질병으로 가득 찬 야만을 근절하고 일등국민이 되어야 한다는 바람은 "국가에 유용한지 아닌지로 인간을 선별하는 시선"을 최신 과학과 공중위생의 척도로 삼아 널리 퍼뜨렸다.

국가는 강권을 발동하여 그들을 가두고, 한센병 환자와 요양시설에 대한 공포와 차별을 조장했다. 또 여기에 "만세일계의 황통"을 정점으로 하는 질서가 씌워지면서, 나병은 나쁜 피를 물려받은 결과라는 망상에 가까운 편견을 낳았다. 환자와 그 가족은 이류異類의 벼랑으로 끌려갔다.

나병 환자에 대한 천시와 기피가 "절대 격리"(후지노 유타카藤野豊)

를 낳았다. 그들에게 강제 격리와 강제 노동, 징벌, 그리고 낙태가 가해졌다.

1940년대 초반에 프로민promine이라는 한센병 치료제가 개발되었다. 그러나 일본에서 개인의 존엄과 인권, 자유와 민주주의에 관한 규칙이 확립된 뒤에도 「우생보호법」(1948)과 「나병예방법」(1953) 같은 법이 계속 추가되며 환자를 속박했다. '나형무소(기쿠치 의료형무지소)' 개설과 '무나병 운동'처럼 공익이라는 이름을 쓴 절대 격리 정책이 공공연히 실시되었다.

국가의 과오는 한센병에만 국한되지 않았다. 점점 더 넓은 영역으로 퍼지며 피해자를 괴롭혔다. "한센병, 농약 피해, 미나마타병…. 후생성의 부작위를 쫓다 보면 등장인물이 몇 겹으로 겹쳐지면서 같은 잘못이 반복되고 있다"라는 지적이 지금도 무겁게 느껴진다.

한센병 환자들이 웅크리고만 있던 것은 아니다. 오히려 끊임없이 '인간'임을 외치며 역사 앞에 나섰다.

나병이라는 사회적 낙인은 개인의 개성을 빼앗아 갔다. 하지만 고투의 행군길을 끝까지 걸어간 사람들은 몰개성화에 항의하며 그 누구와도 바꿀 수 없는 인간성을 되찾으려 했다.

꼭 한 번 방문하고 싶던 도쿄도 히가시무라야마시의 한센병 국립요양소 다마젠쇼엔多摩全生園을 찾아갔다. 요양소는 시민이 쉴 수 있는 자연공원 같은 느낌이었다. 바깥에서는 요양소 주변을 둘러싼 수로의 발굴 조사가 이어지고 있었다. 이는 일본이라는 국가의, 사회의, 그리고 근대의 나락을 들추는 작업이리라. 그리고 차별이라는 일본의 고질병을 끊임없이 캐묻는 작업이리라.

정상을 가장한 사회의 그늘
-우생 사상의 현재

2016년 7월 26일 미명에 사가미하라 장애인 시설 살상 사건*이 벌어졌다. 사건의 전말은 일상의 언어로는 설명할 수 없다. 범죄의 잔혹성과 희생자의 안타까운 사연에 표현력이 위축될 정도였다. 하지만 이 사건이 표상 불가능하게 느껴지는 이유는 따로 있다. 장애인 살인이 '안락사'를 대체한 '학살'이 아니었나라는 의심을 거둘 수 없기 때문이다.

단절과 침묵

'장애인은 가족을 비롯해 주변을 불행하게 만든다. 이들은 사회의 짐이고 국가를 곤란하게 한다. 불행과 부담을 줄이기 위해 국가는 안락사를 실시해야 한다. 국가가 안락사를 용인하지 않으니 내가 대리인이 되어 장애인을 말살하겠다.' 용의자는 정말로 이렇게 생각한 것일까? 법원은 가해자의 섬망 증상을 판결에 반영할 것인가? 또 다른 편견과 차별을 조장하지 않는 신중한 판결이 요구된다.

◆ 가나가와현 사가미하라시 소재의 지적장애인 복지 시설 쓰쿠이야마유리엔津久井やまゆり園에서 발생한 살인 사건이다. 시설에서 해고된 남자 직원이 입소자 19명을 죽이고 26명에게 중경상을 입혔다. 범인이 중증 장애인은 살려둘 필요가 없다는 말을 자주 하고 우익 활동을 했다는 점, 자수한 후 "사람을 죽였지만 자신은 권력자에 의해 보호받는다", "사건을 일으킨 것은 불행을 줄이기 위해서"이며 "자신에게 찬동하는 사람이 많을 것", 장애인을 "살해한 자신이야말로 구세주"라는 등의 발언을 해서 증오 범죄로 보는 시각이 많다. 범인이 마약으로 인한 정신병과 인격장애를 앓았다는 주장도 있다. 2020년 3월 31일 범인 우에마쓰 사토시植松聖에게 사형이 확정되었다.

나는 이 사건을 통해 우리 사회 곳곳에 어둠이 입을 쩍 벌리고 있다는 느낌을 받았다. 양식良識이라는 이름의 권위가 잉태한 광기가 사회를 좀먹고 있다. 사건이 일어난 뒤, 인터넷상에는 범인의 생각에 동조하는 의견이 적지 않았다. 이 광경을 보며 어찌 두렵지 않을 수 있으랴. 이 미친 현상이야말로 '차별이라는 병'의 정체가 아닐까?

이런 어두운 예감에 사로잡혀 있던 나는 사건 피해자의 이야기를 들을 수 있는 기회를 얻었다.

가나가와현 아쓰기시 서쪽을 흐르는 호소다강 중류에 위치한 와카미야 공원에는 조정지*가 있다. 그곳에서 나는 한 가족을 만났다. 그날 구사일생으로 살아남은 입소자 오노 가즈야尾野一矢와 그의 아버지 다카시剛志, 어머니 지키코チキ子가 나를 기다리고 있었다.

사건의 충격은 매우 컸다. 범인이 휘두른 칼날에 차별 없는 세상을 만들기 위해 피땀 흘려 쌓은 탑이 무너졌다. 그날의 사건은 야마유리엔 입소자 가족회 안에 깊은 단절과 침묵을 가져왔다. 특히 오노의 부모는 피해자의 가족들이 경찰에게 피해자의 이름을 공표하지 말아달라고 부탁할 수밖에 없었다는 사실에 상심했다. 범죄자의 공격보다 이후 계속될 피해자에 대한 차별이 더 두려웠기 때문이다.

쓰쿠이야마유리엔 문 앞에서 오노 가즈야의 어머니가 신음하듯 내뱉은 말을 잊을 수가 없다.

"모두가 그렇게 열심히 하자고 맹세하고 노력했는데…. 그건 뭐였

◆ 하수 처리 중 빗물이 불어나거나 수질 변동이 심한 경우 유량이나 수질을 균등하게 하기 위해 설치하는 저수지이다.

던 거죠?"

한줄기의 빛

장애인의 가족을 궁지로 몰고 그 마음을 갈기갈기 찢는, 눈에 보이지 않는 힘은 도대체 무엇일까? 그들은 무엇이 두려워서 피해자의 이름조차 말할 수 없었을까? 정체를 알 수 없는, 그러면서도 피부로 분명하게 느낄 수 있는 이 힘은 도대체 무엇인가? 양식이라는 권위로 둘러싼 암묵적 합의, '장애인은 살 가치가 없다'는 냉대일 것이다.

모든 생명은 존재 그 자체로 가치롭다. 적어도 이 믿음이 사회를 받치고 있어야 한다. '살 가치가 있는 생명'과 '살 가치가 없는 생명'을 구별하는 순간, 차별은 안락사라는 생명 말살의 문을 열어젖힐 것이다.

우생 사상에 경도된 나치 독일은 안락사 정책(T4 작전)을 펼쳐 지적장애인과 유전질환자, 동성애자와 노숙자 등 그들이 살 가치가 없는 생명이라고 판단한 이들을 살해했다. 나치의 우생 사상에 영향을 받은 일본의 「국민우생법」(1940)은 국민의 체력 관리를 주창한 「국민체력법」(1940)과 짝을 지어 열등한 생명을 배제하고, 우수한 생명을 육성하려 했다.

우생 사상은 전후에도 사라지지 않았다. 오히려 「우생보호법」으로 이름을 바꾸고, 유전질환자와 장애인 등에 대한 임의 혹은 강제 낙태를 합법화했다. 불량한 자손의 출생을 방지하는 동시에, 건강한 아이를 낳은 모성은 보호했다. 이를 통해 문화국가 건설에 공헌하는 사회가 「우생보호법」이 그린 일본이다.

쓰쿠이야마유리엔의 전경

　미군 점령기에도 우생 사상이 근절되기는커녕 모습을 바꾸어 전보다 더 강화되었다. 미국의 우생학과 나치의 인종위생학이 서로 밀접했기 때문이다. 「우생보호법」은 몇 번의 개정을 거쳐 「모체보호법」(1996)이 되었다. 강제 낙태에 관한 조문은 삭제되고, '우생 수술'은 '불임 수술'로 이름이 바뀌었다.

　이제 우생 사상은 완전히 사라졌을까? 만약 "망령을 부르는 검은 감정"(「니시니혼신문」, 2016년 7월 28일 조간)이 사가미하라 살상 사건의 가해자를 추동했다면, 똑같은 비극이 반복되지 않을 것이라고 단정할 수 있을까?

나는 야마유리엔 입소자 가족회인 미도리카이みどり会의 회지『희망』에서 한줄기 빛을 찾았다. 거기에는 가족, 그리고 직원 한 사람 한 사람의 생생하게 살아 있는 웃음이 찍혀 있었다. 절망 속에서도 희망이 완전히 꺾이지는 않았다.

"보이지 않는 벽은 사라지지 않을지도 모른다. 하지만 언젠가는 분명히…." 가즈야의 아버지 또한 회지에 직접 쓴 이 말에 희망을 걸고 있을 것이다. 희망은 있다. 그 누구도 희망의 기억까지 빼앗을 수는 없기 때문이다.

11

지울 수 없는
기억

1 - 오키나와현 나고시 헤노코
2 - 오키나와현 이토만시

폭력과 공존하라는 명령
–오키나와의 과거와 현재

"성냥불을 켜는 잠시 동안 바다 안개는 더욱 자욱해진다. 내 몸 버릴 만한 조국은 어디에 있나." 극작가 데라야마 슈지寺山修司◆의 단가이다. 고도성장의 희망으로 밝게 빛나기 시작하던 때임에도 그의 단가에는 허무가 드리워져 있다. 정처 없이 방황하는 실향민의 비애와 어디에도 각오를 걸 수 없는 답답한 심정을 느낄 수 있다.

이 단가를 처음 접했을 때, 나는 17살이었다. 내가 이 세상에 태어나 자라난 곳(일본)과 짊어질 수밖에 없는 뿌리(한국) 사이에서 갈등하며 번뇌하던 그때, 나에게 감미로운 청춘은 존재하지 않았다. 손으로 노를 젓는 작은 배를 타고 안개가 가득한 바다로 나가야 한다는 불안과 허무만이 나를 따라다녔다.

기지에 갇힌 섬

그로부터 반세기가 흘렀다. 세계는 애국심에 고양된 이들이 외치는 '조국 만세' 구호로 가득하다. 내셔널리즘의 르네상스가 도래한 것인가. 그럼에도 나는 묻지 않을 수 없다. 일본인인 것이 그렇게 대단한가? 한국인이라서, 혹은 미국인이라서 그렇게 뿌듯한가? 나의

◆ 일본의 시인이자 극작가. 인용한 단가는 1957년에 출판된 작품집『우리에게 5월을』에 「조국 상실」이라는 제목으로 수록된 것이다. 이 단가의 배경에는 태평양전쟁이 있고, 조국은 일본제국이다. 천황과 제국을 위해 목숨을 바쳐 싸운 윗세대의 모습을 그린 것으로 보인다. 사람들은 고도성장기에 돌입하며 밝은 미래를 꿈꾸었지만, 시인은 신뢰할 만한 이념을 잃어버린 불안과 허무함을 노래했다고 한다.

비애 섞인 반발심이 그저 데라시네ㄷㅋㅋㅋ*의 푸념으로 일축될지도 모른다.

애국심과 내셔널리즘에는 커다란 결함이 있다. 그것은 통치 시스템으로서 국가가 휘두르는 폭력을 반성하지 않는다. 어떤 미사여구를 사용한들 국가의 통치에는 폭력이 따르기 마련이다. 국가란 "정당한 물리적 폭력 행사의 독점을 (실효적으로) 요구하는 인간 공동체"(막스 베버)이기 때문이다.

패전 이후 '평화국가'를 주창하며 민주국가로 다시 태어나려 한 일본에서도 폭력은 필수 도구였다. 그럼에도 국가가 휘두르는 폭력이 잘 보이지 않는 까닭은 무엇일까. 군대를 보유할 수 없다고 명시한 헌법 제9조가 있기 때문일까? 만신창이가 되긴 했지만 「평화헌법」은 그 명맥을 유지하고 있다. 자위대의 군사력은 세계에서 손꼽힐 정도이지만, 어디까지나 자위대일 뿐이다.

일본의 평화를 미군이 지켜주고 있다는 주장도 있다. 하지만 동맹국 군대라고는 해도 폭력을 본질로 한다는 점은 다를 바 없다. 우리는 국가의 군대라는 거대한 폭력 수단을 일상생활에서 느끼지 못하며 살고 있다. 그 까닭은 세계 최강의 군대를 본토에서 멀리 떨어진 오키나와에 몰아놓았기 때문이다. 마치 폐기물 처리장이나 원자력 발전소 같은 기피 시설을 눈에 띄지 않는 곳에 집적, 격리시킨 것처럼 말이다. 그 결과 일본 국토의 0.6퍼센트에 불과한 오키나와에 주일 미군 시설의 70퍼센트가 몰려 있다.

◆ '뿌리 없는 풀'이라는 뜻으로 고향, 조국을 잃은 사람을 가리킨다.

절대적이라 할 만한 불평등은 어떻게 지금까지 유지되었고, 또 이어지는 것일까? 왜 오키나와 반환 이후에 폭력과의 공존이 더 심하게 강요되었을까? 오키나와 전투의 기억, 전후 미군정의 역사, 그리고 본토 복귀 이후의 현실에서도 미군에 의한 폭력이 계속되고 있다. 오키나와에서 폭력이 사라지는 날은 영원히 오지 않는 것일까? 본토는 이 질문에 뭐라고 대답했을까?

오키나와 사람들은 세계에서 가장 위험한 기지, 후텐마 비행장을 나고시 헤노코로 옮기는 데 반대한다. 나고 시장 선거, 오키나와 현지사 선거, 중의원 선거를 통해 기지 이전에 반대하는 민의가 보수와 진보의 구분을 넘어 분명해졌다. 기지 이전이라고 하지만 실은 신설이라고밖에는 볼 수 없는 조치에 오키나와 사람들은 한목소리를 내고 있다. 본토의 평화를 위해 앞으로 얼마나 더 이들에게 폭력과 공존하라고 강요할 것인가.

불난 집이 흥한다◆는 말

헤노코의 바다(캠프 슈와브camp Schwab) 160헥타르를 매립하여 만든 총면적 205헥타르의 거대한 비행 기지에는 대형 수송함과 유조선이 정박할 수 있는 부두도 설치될 예정이다. 주변에 헬리패드heli-pad◆◆도 지을 예정이다.

◆ 焼け太り(やけぶとり). 불이 난 후에 받은 보험금이나 주위에서 받은 도움 등으로 이전보다 생활이나 사업이 더 풍요로워졌다는 뜻이다. 위기나 재난을 역으로 이용하여 이익을 얻거나 사업 규모를 확대하는 일을 비판할 때 쓰인다.

◆◆ 헬리콥터나 오스프리 항공기 같은 수직 이착륙기의 비행장이다.

오키나와현 나고시
헤노코 바다에서

헤노코 해변에 몇 번 들른 적이 있지만, 이번처럼 가까이 접근해 보기는 처음이다. 2017년 1월도 반을 훌쩍 넘긴 지금, 떠들썩한 캠프 슈와브 앞 도로와 달리 오우라만 일대는 자연이 잠에서 막 깨어 크게 하품을 하는 듯한 분위기였다. 산에서 흘러온 강물이 오우라만과 만나는 아열대의 하구에는 맹그로브가 자라 있었고, 그 뿌리 사이로 어류와 갑각류가 바삐 움직였다. 얕은 바다에 가득 자란 해조가 멸종 위기에 빠진 듀공을 지키고 있었다.

격리된 폭력과 자연이 남긴 최후의 풍요가 만난 한적한 광경. 절대적 모순이라는 단어가 머릿속을 가로질러 갔다. 나는 폭력과 누치

두타카라*의 경계에 서 있는 듯한 착각에 사로잡혔다.

크고 날카로운 엔진 소리와 어서 나가라는 확성기 소리에 정신을 차리고 보니, 내가 탄 작은 배는 해상의 출입 금지 구역에 접근하고 있었다. 더 이상 가까이 갈 수는 없었다. 아쉬운 마음에 배 아래로 손을 뻗어 마린블루 빛 바닷물을 떠 올렸다. 손가락 사이로 떨어지는 바닷물이 얼마나 상냥한지….

군사 전문가들은 나의 감상을 비웃으며 이렇게 말할 것이다. 0.6퍼센트에 70퍼센트가 집중된 이유는 오키나와가 지정학적으로나 군사 전략적으로나 요충지이며, 핵 미사일 개발을 계속하는 북한과 해상 진출을 노리는 중국을 억지하는 데 유리하기 때문이라고.

하지만 전쟁이 막 끝났을 때 미군 해병대는 본토에 주재했다. 한국전쟁이 끝난 뒤 본토의 반기지 감정이 고조되자 이를 진정시키기 위해 미군을 오키나와로 이동시켰을 뿐이다. 오키나와에 폭력을 집적시키고 격리한 이유는 군사 전략이나 억지력 때문이 아니다. 이는 오키나와가 일본이지만 일본이 아니라서가 아닐까?

오키나와는 결코 폐쇄된 땅이 아니다. 본토의 관광객이 쉴 새 없이 이곳을 찾아온다. 그러나 관광객은 격리된 폭력을 보지 않는다. 무관심 때문일까? 아니, 그렇지 않다. 그들은 오키나와가 폭력의 섬이라는 사실을 모르지 않는다.

미군 기지에 반대하는 우치난추(오키나와 사람이 스스로를 가리키는

◆ 命どぅ宝(ぬちどぅたから). 오키나와 말로 '생명이야말로 보물'이라는 뜻. 오키나와 반전 평화 운동의 슬로건이다.

말)를 비국민으로 정의하고 "일본에서 나가라"고 고함치는 현실을 어떻게 이해해야 할까? 오에 겐자부로大江健三郎는 『오키나와 노트』에서 오키나와를 향한 차별의 이유를 예리하게 보여주었다. "이렇게 바꾸고 저렇게 바꿔서 새로운 기만의 의상을 입는 일은 역사의 전환점에서 공공연하게 나타나는 '중화사상'적 감각"이다. 일본 본토가 가진 이 감각이 사라지지 않는 한 거대한 폭력은 앞으로도 오키나와에 집중될까? "핵기지 오키나와의 꼬리에 일본열도가 묶여 있는 상태", 즉 일본을 오키나와에 속하게 하고 아시아에 속하게 하는 길을 개척할 수는 없을까? 이는 그저 순진한 자의 어리석은 꿈일까?

비전으로 통하는 비군의 확신
-집단사의 지옥

미국과 일본 양쪽을 합쳐 20만 명 이상이 오키나와 전투에서 사망했다. 오장육부가 튀어나오고 피가 뿜어져 나오며, 그 자리에 파리가 꼬이고 퉁퉁하게 부어올라 가스를 내뿜는 참살의 현장. 이것이 내가 기억하는 오키나와 전투다.

함포 사격과 공중 폭격이 이어지던 1945년 3월 26일, 미군이 게라마제도에 상륙하며 전투가 시작되었다. 이곳에 살던 주민들은 사방이 바다로 둘러싸여 도망칠 곳이 없는 섬에 갇혔다. 남녀노소 구분 없이 모두가 전쟁으로 내몰렸으며, 4명 중 1명이 목숨을 잃었다. 일반인 희생자의 수가 군인과 군속의 3배에 달했다.

미군의 무차별 공격에 이어 일본군에 의해 피난처에서 추방당한 주민들이 결국 스파이 혐의를 받고 집단사♦를 강요당하는 등 적과의 싸움만이 아닌, 동족을 잡아먹는(도모구이) 살육전이 벌어졌다.

영혼을 찌르는 가시

집단사는 옥쇄♦♦가 아니다. 그것은 이 세상이 만든 지옥이다. 강자가 약자를 차례로 살해한 후, 가장 마지막에 스스로 목숨을 끊게 했다. "아버지는 아이와 늙은 부모를, 남편은 아내를, 어머니는 아이를 죽인다."

전쟁과 폭력에 노출된 생존자가 전쟁이 끝난 후 과연 제정신으로 살 수 있었을까. 영혼에 가시가 박힌 채로, 지우고 싶은 기억이 자기 삶의 유일한 근거가 되어버린 도착倒錯 속에서 살아야 했다.

오에 겐자부로는 도착으로 인한 인간성 파괴를 오키나와 본섬 북부 모토부초 부두에서 돌연 큰소리를 지르면서 "쌍둥이를 임신한 것처럼 배가 커다랗게 부풀었지만 처녀인 척하는 … 광녀들"에 중첩시켰다. 작가의 체험은 1972년(오키나와 반환 2년 전)의 일로, 당시 오키나와는 전쟁의 상처를 전혀 치유하지 못하고 있었다.

그로부터 다시 반세기가 흘렀다. 이제는 전쟁과 폭력의 기억이 풍

♦ 여전히 공식적으로는 '집단 자결'이라는 말을 쓴다. 본토에서는 이것을 천황을 위해 스스로 목숨을 끊은 것으로 미화하지만, 오키나와 사람들은 '강제 집단사', '집단사'라고 부르며 그런 해석을 거부한다.

♦♦ 제 목숨을 바쳐 옥처럼 산산이 부서진다는 표현으로, 집단사를 집단 자결로 미화할 때 사용된다.

화되었을까.

나는 제32군 사령부의 참호가 있던 이토만시 고메스 마을로 갔다. 2월 초순이지만 오키나와치고는 아직 날이 차다. 잠자는 듯 조용한 마을 한편에서 일가가 전멸한 가족을 위해 세운 위령탑을 찾았다. 오키나와 전투 당시 고메스 마을 주민의 60퍼센트인 735명이 사망했으며, 일가가 전멸한 경우도 전 가구의 10퍼센트에 달했다고 한다. 여기에는 집단사도 포함될 것이다.

마을을 걷다 보면 돌로 울타리를 쌓고 회색 콘크리트로 굳힌 듯한 구조물이 땅 위에 불쑥 솟아 있는 것을 마주하게 된다. 그 속에 위패와 향로가 있다. 대체 본토 어디에서 이런 광경을 마주할 수 있을까?

극한의 불신

폭격을 피해 도망치던 주민과 패잔병이 막다른 곳으로 내몰렸다. 히메유리 학도대*가 자폭한 아라사키 해안에서 구시카미촌, 다마구스쿠촌, 지넨촌에 이르는 본섬 남부에는 가마**와 현민 위령비 같은 전쟁의 기억이 점점이 흩어져 있다. 이 모든 것이 옥쇄 보도의 허구성을 고발하고 있다.

어째서 일본제국에 강제 병합된 우치난추에게 군민 공생공사共生

◆ 1944년 12월 육군병원은 간호 요원 동원을 요청했다. 이에 오키나와 현립 제1고등 여학교와 오키나와현 사범학교 여자부의 학생을 '히메유리 학도대'로 편성하여 전장으로 파견했다.

◆◆ 동굴을 가리키는 오키나와 말이다. 전쟁 후반부에 이곳에서 수많은 집단사가 벌어졌다.

共死의 사상이 단기간에 뿌리를 내렸다는 말인가? 오키나와는 국체 사상이나 성전聖戰과는 가장 거리가 먼 장소가 아니었던가.

슬프게도 이 거리감이 비극으로 가는 길을 재촉했다. 본토는 오키나와는 문화 수준이 낮고 고루하며 습속과 생활양식이 여타 부현과 다르다고 봤다. 오키나와 사람은 "충성, 용맹하여 나라를 사랑하고 公을 위하여 따라 죽는"(「제국헌법」 반포 칙어) 충성심이 부족한 반半 인분의 일본인으로 간주되었다. 오키나와를 향한 차별의 시선은 "나무 한 그루, 풀 한 포기라도 전력으로 삼을 것"(우시지마 미쓰루牛島満 제32군 사령관)을 명령하는 절망적인 상황에서 총동원된 주민을 적에게 쉽게 항복할지 모를 위험 분자로 간주하게 만들었다.

1945년 4월 1일, 미군의 오키나와 본섬 상륙 후 오키나와 사람에 대한 불신이 극에 달했다. 제32군 사령부는 "군인, 군속을 불문하고 표준어만 사용한다. 오키나와 방언으로 대화하는 자는 간첩으로 간주하여 처형한다"는 지령을 내렸다. 동시에 차별은 충성스럽고 선량한 니뽄진*이 되라고 강요했다. 이런 차별과 강요가 오키나와 현민 총동원 운동과 교사, 관청 직원 등을 통해 지역으로 전달되었으리라.

상호 불신을 품고 있던 군인과 민간인이 한데 섞인 지상전은 곧 미군의 무차별 공격 앞에 무너졌다. 본토 방위를 위한 버리는 돌이 된 오키나와에서는 항복할 시간을 벌기 위한 소모전이 이어졌다. 그러는 사이에 섬은 아비규환에 빠졌다.

게라마제도의 도카시키와 자마미, 게루마에서는 일본군이 주민에

◆ ニッポン人. 일본인日本人의 발음 중 하나. 니혼진ニホンジン으로 발음하기도 한다.

게 집단사를 강요했다. 반대로 일본군이 없던 마에시마의 주민은 집단사를 피할 수 있었다. 군대가 있는 곳에서 주민 희생자가 늘어나고, 군대가 없는 곳에서는 희생자가 줄었다. 군대는, 그리고 전쟁은 오직 희생자를 낳을 뿐이다. 이것이야말로 오키나와 전투가 준 교훈이 아닐까.

지금도 우치난추는 군대가 물러나야 평화가 찾아온다고 확신한다. 이 확신에 대해 본토에 사는 야마톤추는 어떻게 응답할까? 비전非戰과 비군非軍, 평화에 관해서만은 야마토가 오키나와에 속해 있다.

12

재벌이라는
키메라

1 - 도쿄 미쓰비시 사료관

근대화와 함께 솟아오른
이에의 지배

'재벌'이라는 말을 들으면 무엇이 떠오르는가? 긍정적이든 부정적이든, 재벌이라 하면 우뚝 솟은 거인이 떠오르지 않을까?

그런데 재벌은 경영사와 경제사에서 쓰이는 학술 용어가 아니다. 과거의 대부호나 큰 부자, 혹은 정상政商◆으로부터 기원한 말로 그 정의와 역사에 숱한 허구와 진실이 뒤섞이더니, 결국 거인이 스스로 일어나서 국가의 최전선에 모습을 드러냈다.

재벌의 이미지가 하나로 고정된 채 전혀 변하지 않았던 것은 아니다. 오히려 일본의 근대사와 함께 끊임없이 변했다. 재벌은 자신을 제약하는 사회의 틀에 맞춰 성격을 바꾸었다. 동시에 총수 일가의 지배력을 강화하며 크기를 부풀렸다. 미쓰이, 미쓰비시, 스미토모 같은 가족과 동족으로 구성된 이에家(집안)가 폐쇄적으로 소유하고 지배하면서 다양한 사업 분야에서 독점적인 지위를 점하는 계열 회사를 총괄하고 각각의 분야에서 전문 관리직과 인재를 부리는 거대한 콘체른Konzern◆◆. 이것이 재벌의 윤곽이다. 마치 그리스 신화에 나오는 키메라처럼 보인다. 사자 머리에 염소 몸통, 뱀의 꼬리를 가진 괴물. 키메라는 생물학에서 한 개체 안에 서로 다른 유전 정보를 가진 세포가

◆   메이지 시대, 산업과 자본주의를 육성하여 국가의 근대화를 추진한 정부의 식산흥업 정책을 사업으로 연결한 정치가, 사업가, 기업 등을 뜻한다.

◆◆ 법적으로는 독립 기업이지만 출자 등을 통해 지배-종속 관계로 묶인 기업들의 결합체이다.

혼재하는 현상을 설명할 때도 쓰는 용어이다. 미쓰비시를 창업한 이와사키 야타로岩崎彌太郎와 2대 총수인 이와사키 야노스케岩崎彌之助, 그리고 그들의 이에가 지배한 미쓰비시는 정말로 일본 근대의 키메라라고 할 수 있다.

메이지 이래 일본의 근대화는 전근대적인 것을 근대적인 것으로 바꾸었다기보다는 근대화를 추진하면 할수록 혈연과 지연 같은 전근대적 연대가 더욱 강조되었다. 이것이 부국강병과 식산흥업의 발판이 되었다는 사실을 볼 때, 키메라 같은 재벌의 역사가 근대화 그 자체이자 축소판이라고 할 수 있다.

이런 생각을 품고, 미쓰이나 스미토모에 비해 늦게 등장했지만 '진짜 재벌'이라는 이미지가 강한 미쓰비시의 사료관으로 향했다.

사료관은 미쓰비시경제연구소의 부설 기관으로, 문호 모리 오가이森鷗外의 명작『기러기』의 무대였던 무엔자카無緣坂 언덕길 위에 있었다. 건물 입구에서 탄생부터 현재에 이르기까지 거의 모든 것이 일본 근대사와 겹치는 미쓰비시의 역사를 듣고, 사료관 전시실로 들어갔다. 전시실 입구에는 야타로의 좌상이 있었다.

미쓰비시라고 하면 이와사키 집안이고, 이와사키라고 하면 야타로다. 미쓰이와 스미토모가 오래전부터 잘 알려진 거상 집안이라면, 이와사키의 미쓰비시는 신흥 재벌이다. 이들은 어떻게 재벌 중의 재벌로 올라설 수 있었을까. 야타로를 빼고는 설명할 수 없다. 그가 가진 정상으로서의 뛰어난 재능과 수완이 미쓰비시를 현재로 이끌었다.

정상이라는 말에는 부패한 느낌이 따라다닌다. 막스 베버의 말을 빌리면 정상은 정치 및 전쟁에 기생하는 자본주의에 달라붙은 브로

커이다.

실제로 이와사키는 메이지 정부의 타이완 출병(1874)과 세이난전쟁(1877년 규슈에서 발생한 무사들의 반란)을 통해 두각을 드러냈다. 이때 해외로 군대를 실어나르는 한편 해운 사업을 병행해 이득을 취했다. 이후 메이지 14년의 정변이 벌어지고 오쿠마 시게노부가 실각하자 미쓰비시는 위기에 빠졌고 해운 사업에서 철수했다. 역경은 곧 기회였다. 미쓰비시는 해운과 유통에서 광공업과 조선업으로 사업 영역을 확장했다. 그 이후 야노스케를 중심으로 미쓰비시사가 창설(1886)되고, "바다에서 뭍으로" 핵심 전략을 선회했다. 앞으로 생산, 유통, 금융, 부동산으로 뻗어나갈 '미쓰비시 제국'의 중핵이 될 중공업, 은행, 상사의 토대가 세워진 것이다. 1890년에는 도쿄 역 주변의 관유지를 불하받아 광대한 상업 지구(미쓰비시무라)로 발전시켰다. 청일전쟁과 러일전쟁은 미쓰비시를 일본 제일의 기업으로 각인시켰다. 나쓰메 소세키는 무슨 일이 있을 때마다 이와사키 일족의 금력金力을 물고 늘어졌다. 그는 "이와사키는 별장을 줄지어 세울 때는 천하의 학자들을 압도할지 모르지만, 사회 문제나 인생 문제에 관해서는 어린아이다"(「단편」)라고 빈정댔다. 『풀베개』의 주인공은 "(자연은) 작정하면 용서도 미련도 없지만, 사람에 따라 대하는 방식을 바꾸는 경박함은 없다. 그런데 이와사키와 미쓰이는 사람에 따라 그 태도가 달라진다"라고 말했다.

재벌의 미래를
생각하다

나쓰메 소세키가 살던 시기에 미쓰비시는 3대 총수 히사야久彌와 4대 총수 고야타小彌太가 경영했다. 미쓰비시가 거대 콘체른으로 탈바꿈하던 시절이다. 이와사키 일족은 단순한 정상이 아니었다. 메이지 14년의 정변이 남긴 교훈일까? 그들은 정치에 달라붙지도, 그렇다고 떨어지지도 않았다. 총력전 상황에서도 미쓰이나 야스다安田♦와 달리 미쓰비시는 그들의 사람을 정치권에 앉히지 않았다. 태평양전쟁 개전 이틀째 되던 날, 미쓰비시 간부 회의 중에 고야타가 적국인 미국과 영국을 "우리의 친구"라고 부른 일화는 지금도 회자될 정도다.

야만계

소세키의 『풀베개』에는 재벌을 둘러싼 근대 일본의 그늘이 뚜렷하게 드러난다. 미쓰비시의 "바다에서 뭍으로" 전략의 근간인 광산업이 『풀베개』의 서술처럼 자원을 불평등하게 분배했기 때문이다.

미쓰비시를 비롯하여 미쓰이의 미이케 탄광, 스미토모의 벳시도잔別子銅山♦♦은 재벌 근대화의 반환점이 되어 보다 거대한 그늘을 드리웠다. 소세키는 소설 『갱부』에서 일하는 사람 가운데 갱부만큼 미

♦   도야마 출신의 야스다 젠지로安田善次郎가 설립한 재벌.

♦♦ 에히메현에 있는 동 광산. 1690년부터 1973년까지 약 70만 톤의 동을 채굴하여, 스미토모가 일본을 대표하는 거대 재벌로 성장하는 기반이 되었다.

천하며 차별받는 사람은 없다고 했다. 이와사키 야타로가 메이지 14
년에 고토 조지로後藤象二郎◆에게서 얻어낸 다카시마 탄광에서도 이
사실이 잘 드러난다.

미야자키 도텐宮崎滔天◆◆과 교제하며 광둥 시민학당時敏學堂의 교사
가 된 마쓰오카 고이치松岡好一◆◆◆가 탄광에서 쓴 르포르타주「다카
시마 탄광의 참상」은 눈여겨볼 만하다. 다카시마 탄광 폭동의 원인
이 "우마처럼 사역하고 아귀처럼 가책하는 열악한 환경"에 있음을
지적하고 "다카시마 탄광의 사원처럼 무정한 인류, 그곳의 갱부처럼
불행한 인류를 본 적이 없다"고 비분강개했다.

다카시마 탄광은 일본제국의 영토이면서도 일본국의 법률이 미치
지 않는, 말하자면 국내의 식민지 같은 야만계였다. 야만은 미쓰비시
에도, 미쓰이에도, 스미토모에도, 또 아시오 광독 사건을 일으킨 후
루카와 같은 신흥 재벌에도 퍼져 있었다.

야만의 그늘 가장 깊은 곳에는 일본이라는 근대 국가가 있다. 자
연을 개발(이라 부르지만 착취다)하여 생산력을 증대하고, 식산흥업을
추진하여 국력을 키우는 일이 가장 중요하다는 신념이 야만을 가득
채우고 있다. "국가 수급 사업을 대상으로 하는 큰 사업을 하라"라는
미쓰비시의 사훈은 이 회사가 '정치 불관여'의 원칙을 관철하면서도

◆ 정치가, 실업가. 정치 자금을 조달하기 위해 상사를 설립하고 정부로부터 다카시마
탄광을 불하받았다. 나중에 후쿠자와 유키치의 중개로 미쓰비시에 다카시마 탄광을 매
각했다.

◆◆ 일본에서 쑨원孫文 등을 지원하여 중국의 신해혁명을 도운 인물.

◆◆◆ 저널리스트. 소학교 교사였으나 다카시마 탄광에서 일하면서 광부들의 실정을
잡지『일본인』에 고발(1888)하여 큰 반향을 불러일으켰다.

철저하게 국가와 발을 맞춰온 역사를 웅변한다.

정치에 관여하지 않으면서 국민을 대표하는 브랜드로 성장하겠다는 긍지는 그럴듯하다. 만약 국가가 국책을 잘못 정한다면 기업의 긍지도 땅으로 떨어질 수밖에 없다. 1945년 10월 재벌의 자발적 해체를 반대한 미쓰비시 4대 총수 고야타의 변에는 국가와 발맞춘 세월의 무상함이 고스란히 묻어 있다. 이런 의미에서 패전은 미쓰비시에 근본적 전환을 요구했다.

탈국가화

메이지의 산업화를 이끈 재벌은 종전 후 미군정에 의해 해체되었다. 그러나 기업 집단으로서 미쓰비시의 명성과 실력은 지금도 건재하다. 나는 미쓰비시 기업의 중진을 만나러 그의 사무실로 갔다. 미쓰비시무라에서 도쿄 역을 내려다보는 사무실은 도회의 번잡함을 잊게 할 정도로 조용하고 세련된 분위기를 뽐내고 있었다.

미쓰비시의 역사에 빛만 있을 뿐 그늘은 없다고 말하는 그의 태도는 단호했다. 그 말을 하는 순간, 평소에 보아온 온화한 표정은 흔적도 없었다. 그런데 기업의 미래를 말할 때는 표정이 다시 변했다. 지금까지처럼 국가와 함께 걷는 방식으로는 살아남을 수 없다는 불안이 엿보였다. 세계화에 발맞춰 탈국가화를 도모해야 하는 일본 1등 기업의 사명과 부담이 느껴졌다.

29개 그룹사 사장단이 모이는 미쓰비시 금요회는 2001년, 고야타가 남긴 ①소기봉공所期奉公 ②처사광명處事光明 ③입업무역立業貿易의 기업 이념을 현대적으로 재해석했다. ①사업을 통해 물심양면으로 풍요로운 사회 실현에 힘쓰고, 동시에 소중한 지구 환경의 유지에도 공헌한다. ②공명정대하고 품격 있는 행동을 지향하며, 공개성과 투명성을 견지한다. ③전 세계적·우주적 시야로 확장되는 사업을 도모한다. 이 세 가지를 21세기의 목표로 정했다.

미쓰비시는 다시 한 번 전환점에 서 있는지도 모른다. 미쓰비시의 미래는 곧 일본 기업의 미래와 직결되리라. 부국 만능주의와 생산 지상주의로부터 벗어나 새로운 길을 찾아야 한다. 바꿔 말하면 과거에 재벌이 만든 그늘을 어떻게 지울지 고민하는 힘, 역사를 반성하는 힘이 필요하다.

2018년은 메이지 유신 150주년이고 2019년에는 일본의 연호가 바뀔 예정이다.♦ 사방에서 메이지 150년의 과오를 덮어 쓰는 일이 더 늘어날 것이다. 재벌도 국가도 그저 메이지 유신을 찬양하는 데서 끝난다면 낡은 고물을 꺼내어 재탕하는 것이나 마찬가지리라. 러일 전쟁 직후에 발표된 소세키의 명작 『태풍』에 나오는 결연한 선언을 기억해야 한다.

"내가 살고 있는 오늘은 젊고 기운찬 시대다. 과거를 돌아볼 정도로 늙은 시대가 아니다. 이토 일족과 야마가타 일족의 정치를 돌이켜 볼 시대가 아니다. 시부자와와 이와사키의 실업을 돌이켜 볼 시대도 아니다."

♦ 2019년 5월 1일, 일본의 연호는 헤이세이平成에서 레이와令和로 바뀌었다.

자이니치라는
물방울

1 - 가나가와현 가와사키 코리아타운

전후 73년,
그리고 메이지 150년

'후레아이관'에 모인 마음

JR 가와사키 역에서 버스로 15분을 가는 동안 창밖으로 보이는 가와사키 코리아타운은 잠든 듯 조용했다. 대규모 개발이 이루어져 화려한 쇼핑몰과 복합 시설이 빽빽하게 들어선 가와사키 역 주변과 비교하면, 이곳은 시계를 거꾸로 돌린 듯한 느낌이다. 가와사키구의 오시마, 사쿠라모토, 하마초, 이케가미초 일대는 예전 아사노浅野 재벌이 건립한 가와사키 콤비나트kombinat◆로, 가난을 피해 한반도를 떠나온 이들이 여기에 정착했다. 이것이 가와사키 코리아타운의 시작이다.

아담한 사쿠라모토 상점가는 과소화의 파도가 밀어닥친 지방 소도시를 보는 것 같았다. 간간이 신오쿠보◆◆나 미카와시마◆◆◆에서 마주칠 법한 한국계 상점이 문을 열고 있었다.

특이하게도 상점가에는 아이들과 노인들을 위한 복지 NPO 단체의 간판이 많았다. 셔터에 경쾌한 서체로 '홋또(겨우 안심하며 내쉬는 한숨 소리) 카페'라고 써놓은 작은 가게 입구에는 "이 거리가 정말 좋아"라는 간판이 걸려 있었다. 그 옆에는 "청구사(세이큐샤青丘社) 오오

◆　생산 과정에서 상호 보완적인 공장이나 기업을 한 지역에 모아놓는 방식이다.

◆◆　도쿄의 코리아타운. 1965년 이후 이주한 한국 국적의 이민자들이 주를 이루어 한류 붐과 함께 새롭게 성장한 지역이다.

◆◆◆　도쿄의 코리아타운. 신오쿠보나 가와사키보다 역사가 깊다.

힌 지구◆ 마을 내 핫라인"이라고 쓰여 있다. 한반도의 아명인 청구靑
丘는 이 마을 이름으로 잘 어울린다. 청구사는 내가 방문할 가와사키
시 후레아이관◆◆을 만든 사회복지 법인의 이름이다.

1층에는 키즈카페와 놀이방, 학습실이, 2층에는 홀과 문화교류실,
자료실, 도서관이 있는 '후레아이관'은 누구나 편하게 찾을 수 있는
건물이다. 건물 안은 온통 아이들 웃음소리로 가득했다. 청구사 이사
장인 배중도 씨가 나를 맞아주었다. 단체의 살림을 꾸려온 미우라 도
모히토三浦友人 사무국장도 함께 왔다.

가와사키 코리아타운의 '살아 있는 사전'이자 20년간 후레아이
관 관장을 역임한 배중도 씨는 이제 후진 육성에 열정을 쏟고 있다.
1944년 도쿄에서 태어난 그는 전형적인 자이니치 2세이다. 민족 차
별 반대 운동의 선두에서 평생 투쟁했지만, 그의 어조는 조용하고 부
드러웠다. 그의 모토 "누구나 힘껏 살아간다"는 후레아이관의 기본
이념이 되었다. 그가 말했다. "우리는 그저 주장만 할 것이 아니라 신
뢰를 얻어야 합니다." 바로 이 문장이 내가 후레아이관에서 배운 가
장 큰 교훈이다.

신문 스크랩, 시민 운동계의 미니코미지◆◆◆, 교육 보고서와 행정
자료, 그리고 자이니치와 한반도 관련 서적으로 꽉 찬 자료실에서 담

◆　재일 조선인이 많이 사는 가와사키 공업 지대이다. 사쿠라모토, 오시마, 아마초, 이
케가미초 일대를 뜻한다.

◆◆　만남과 교류의 집이라는 뜻이다.

◆◆◆　ミニコミ誌. 독립 잡지의 총칭으로 매스 커뮤니케이션에 대항하는 미니 커뮤니
케이션이라는 뜻을 가진 조어이다.

담히 과거를 돌이켜 보고 현재를 이야기하는 배중도 씨의 얼굴을 유심히 관찰했다. 거기에는 성취감과 함께, 더불어 살아가려는 바람을 짓밟는 헤이트스피치(혐오 발언)에 대한 분노가 있었다. 코리아타운을 습격한 혐오 시위는 코리아타운에서 살아가는 일본인, 자이니치, 그리고 또 다른 국적 혹은 민족의 주민에게 갑자기 들이닥친 재앙이다.

성장과 국제화를 부르짖던 일본은 1980년대 중반에 플라자 합의♦를 맺은 이후 미국을 바짝 좇는 경제 대국으로 성장했다. 하지만 버블 붕괴 이후, 저성장과 디플레가 만성화되고 빈부와 지역 간의 격차가 벌어지면서, 많은 국민이 중류층 아래로 떨어질지도 모른다는 불안에 떨고 있다. 재일在日에 대한 사회의 인식도 1980년대와 완전히 달라졌다. 현재는 '한국성·조선성koreaness'을 강조하며 불화와 갈등, 대립을 조장하는 경향이 크다.

1980년대 중반, 당시 사이타마현에서 살던 나는 재일 한국인·조선인에게 강요된 지문 날인을 최초로 거부했다. 그럼에도 내 안에 자리잡고 있던 것은 지역과 사회, 국가와 공생할 방법을 찾아야 한다는 각오였다. 함께 살아가고 싶다, 민족을 넘어 한 지역에서 함께 살아가는 동료로 만나고 싶다는 마음이었다.

1980년대 중반에 문을 연 후레아이관에 모인 이들도 내 마음과 같았으리라. 그 결과 가와사키의 코리아타운에는 일본인과 재일 한국인·조선인, 그리고 그 외 국적이나 민족의 외국인이 함께 사는 장이

♦ 1985년 미국의 뉴욕 플라자호텔에서 개최된 선진 5개국 재무장관, 중앙은행 총재 회의에서 합의된 사항으로, 엔화 강세의 계기가 되었다. 이후 일본의 동아시아에 대한 직접 투자가 급증한다.

만들어졌다. 그 과정에서 얼마나 많은 눈물을 흘리고 애를 썼을지….
그런데 이것이 지금 백래시backlash를 맞닥뜨린 것이다.

하지만 배중도 씨는 희망의 씨앗을 찾은 듯했다. 헤이트스피치를
극복하기 위한 대항 운동이 일어나고 있다고 했다. 이런 면에서 재일
은 일본 민주주의의 척도일지 모른다.

헤어질 때 배중도 씨가 중얼거린 말이 아직도 귓가에 울린다. "재
일은 작은 물방울이지만, 그것은 일본이라는 국가의 현재를 보여준
다." 전후 73년, 그리고 메이지 150년을 지나온 일본의 알몸이 재일
에 비치고 있다.

자이니치란 무엇인가

자이니치在日◆란 무엇인가? 자이니치란 누구를 가리키는가? 자이
니치로 산다는 것은 무엇을 의미하는가? 인생칠십고래희人生七十古
來稀라 일컬어지는 나이에 가까워지는 지금, 나는 이 질문 앞에 다시
섰다. 해방 후 70년간 자이니치의 세대 교체가 진행되면서 '자이니
치란 무엇인가'라는 질문의 의미가 변했기 때문이다.

가장 먼저 떠오르는 것은 바로 외국인등록증명서◆◆이다. 단 한순

◆ 자이니치는 일본에 거주하는 외국인(자이니치 가이코구진)의 줄임말이지만 통상 재일
조선인·한국인에 대한 호칭으로 쓰이고 있다. 한편 저자는 『재일 강상중』이라는 제목의
자서전을 통해 이 표현에 단일한 국민국가적 틀 속에 가두기 어려운 그들의 독특한 처지
및 일본에서 살아가는 이산diaspora 세대의 주체성에 대한 선언이라는 성격을 부여하고
자 했다.

◆◆ 예전에는 지방자치단체에서 관리하는 외국인등록증의 형태로, 비자와 별개로 주
민등록 시에 외국인 등록을 해야 했다. 지금은 재류 카드라는 형태로 입국관리국, 즉 국
가에서 비자 업무와 함께 외국인을 관리하고 있다.

간도 몸에서 떼놓을 수 없는, 항상 가지고 다녀야 하는 서류. 운전면허증 같은 크기의 작은 등록증명서. 시대에 따라 형태와 크기는 달랐지만 국가에 나의 지문을 제출한 날 이후 나는 항상 이것을 몸에 지니고 있다.

카드의 왼쪽에는 나의 한국 이름과 생년월일, 성별, 거주지, 세대주가 적혀 있다. 오른쪽에는 등록번호, 국적, 본적, 여권 번호, 재류 자격(특별영주) 등이 기록되어 있다. 신기한 것은 상륙 허가(landing)와 재류 기한(period of stay)이 별표(*)로 표시되어 사실상 지워져 있다는 점이다. 규슈 구마모토에서 태어난 나는 일본에 오기 위해 허가를 받을 필요가 없었다. 또 '특별'이라는 말은 어떤 특권을 향유하는 듯한 느낌을 주는 호칭이나, 내가 '영주자'인 이상 재류 기한이 정해져 있지도 않다.

더 말할 필요도 없이, 외국인등록증명서는 국가가 외국인을 관리하는 수단이다. 거기에는 1990년대 중반까지 일본에 거주하는 외국인의 과반을 점하던 재일 한국인·조선인이 일본이라는 국가와 어떤 관계를 맺어왔는지가 기록되어 있다.

자이니치란 좁은 의미로는 전쟁 전부터 일본에 거주한 조선 출신의 식민지 신민과 그 자손을 가리킨다. 일본의 전후 점령기에는 재일 한국인·조선인이 200만 명에 가까웠다. 일본이 고도성장의 입구에 다다랐을 무렵에는 그 수가 60만 명으로 줄어들었다. 자이니치 인구의 감소는 많은 수가 한국으로 귀환했기 때문이다. 일본은 1951년 「출입국관리령」을 정비했다. 재일 한국인·조선인은 제국의 신민에서 외국인으로 강등되었다. 대한해협 사이에 갑작스럽게 눈에 보이지 않는 거대한 국경이라는 벽이 세워진 듯 느껴졌으리라. 처자와 친척, 친구들이 이 벽에 의해 찢어지는 비극이 생겼다. 이어진 남북 분단과 파괴적인 내전은 여기에 더욱 박차를 가했다.

자이니치는 동족상잔의 비극이 초래한 '조선 특수'에 의해 겨우겨우 되살아났다. 1950년대 말에는 북한으로의 엑소더스exodus(귀환 운동)가 시작되면서 7만 명 혹은 10만 명으로 추정되는 재일 한국인·조선인과 일본인 부인이 한반도 북쪽으로 이동했다. 전후, 그리고 해방 후의 혼란기와 한국전쟁, 일본의 전후 부흥이 이어지는 내내 국경을 넘어 오고 갈 수밖에 없었던 자이니치는 정해진 형태가 없는 불안정하고 유동적인 존재였다.

지금은 나 같은 '특별영주권자'의 수가 감소하고 있다. 국적만 보더라도, 이 존재는 착실하게 소멸해가는 듯하다. 자이니치 2세, 3세 가운데 일본 국적을 가진 사람과 혼인하는 경우가 더 많아졌고, 1984년에 국적법을 부계 혈통주의에서 부모 양계 혈통주의로 바꾼 이후에는 일본 국적자의 수가 증가했다.◆

2000년대가 되면서 재일 외국인 중 중국 국적자의 수가 재일 한국인·조선인을 웃돌게 되었다. 재일 외국인의 국적이 다양해지면서 자이니치가 재일 한국인·조선인을 가리키던 시대는 이제 막을 내렸다.

2016년 「출입국 관리 및 난민 인정법」 개정 이후, 재류 자격이 28

◆ 현행 국적법상 일본인 배우자와 결혼하는 재일 한국·조선인의 자손은 자동적으로 부모 양쪽의 국적을 취득하여 이중 국적을 보유할 수 있으나, 성년에 이르면 2년 안에(22세까지) 어느 한 쪽을 선택해야 한다. 이때 일본 국적을 선택하는 경우가 많다. 과거에는 자손에게 아버지의 국적이 자동적으로 부여되었고, 재일 한국인·조선인 남성과 결혼한 일본 여성이 한국으로 귀화하는 경우도 어렵지 않게 볼 수 있었다.

종으로 늘어났다. 2016년 당시 재류 자격을 가진 전체 외국인 240만 명 가운데 재일 한국인·조선인은 4분의 1에 불과했다.

새 세대의 가능성

자이니치를 외국인이라는 범주에서 바라보면 그 존재는 한없이 극소화될 것이다. 따라서 동화될 것이라고 보았다. 그 안에서 자이니치는 소수의 이민족 문제로서 처리되어야 할 역사의 유아遺兒로 왜곡된다. 동화된 유대인이 사회의 구석구석에 착상하여 유대성이 희석되고 유대인과 비유대인의 울타리가 거의 느껴지지 않게 되면서, 역설적으로 반유대주의가 불타오른 것처럼(한나 아렌트Hannah Arendt), 특별영주권을 가진 재일 한국인·조선인이 일본에 동화되면서 '특별한 그룹'으로 규탄받게 되었다.

헤이트스피치는 일부의 풀뿌리 배외주의가 드러난 것인지도 모른다. 하지만 코리아 포비아Korea phobia라고도 할 만한 혐한류의 확대는, 아이러니하게도 한류 열풍과 결합해 한국성·조선성을 돋보이게 했다.

국가의 외국인 관리와 소수민족 문제라는 관점에서 본다면 자이니치는 일본이라는 국가의 견고한 그릇 안으로 떨어지는 작은 물방울에 불과하다. 하지만 재일 한국인·조선인의 재일성뿐 아니라 한국성·조선성으로 시선을 옮기면 작은 물방울이었던 자이니치가 국경 밖으로 넘쳐흐르는 존재가 된다.

재일 한국인·조선인이라 부르는 한 남한 또는 북한과의 관계에 대해서도 어떤 식으로든 대응해야 한다. 한반도는 두 개의 국가로 분단되어 있다. 이로 인해 남과 북의 관계, 또 남과 북 각각과 일본이라는 국가의 관계 등, 일본과 한반도의 관계는 몇 겹으로 비틀려 뒤얽혀 있다.

이렇게 복잡한 현실이 자이니치로서 살아가려 하는 사람들의 의식과 주체성에 파문을 만든다. 한쪽에는 원격 내셔널리즘(베네딕트 앤더슨)을 따라 그리듯 분단 국가의 '재외 공민 의식'을 유지하며 자이니치로 살아가려는 사람이 있다. 다른 쪽에는 한국성·조선성을 벗고 일본에 동화(귀화)하기를 원하면서도 국적의 등딱지를 벗지 않는 사람도 있다. 양극단 사이에 수많은 정체성이 늘어서며 자이니치를 구성하고 있다.

그 바깥에 귀화라는 동화를 선택했지만, 자신의 의식과 주체만큼은 자이니치라고 믿는 사람이 있다. 그들 또한 자이니치라고 부를 수 있다면 이 말의 내포와 외연은 더욱 확장된다. 일본이라는 국가에서 바라보면 자이니치는 견고한 그릇 안으로 떨어지는 '다른 국가의 물방울'이라고밖에 보이지 않을 것이다. 그 물방울은 어디까지나 단색으로, '외국인'·'민족적 마이너리티'라는 명확한 형태를 동반한 것처럼 보일 터이다. 하지만 이 물방울을 만화경 속 유리조각 같은 것이라고 생각해보자. 자이니치를 보는 쪽에서 '이미 존재하는 자이니치를 어떤 입장에서 보는지', '어떤 시점에서 바라보는지'에 따라 형상과 색깔이 달라질 것이다.

그럼에도 자이니치로 살아온 사람이 자이니치라는 울림에 독특한 뉘앙스를 부여하고 동시에 그 흔적을 지우지 않으면서 자이니치로 살기를 계속해온 것은 왜일까? 일본이라는 국가 안으로 떨어지는 작은 물방울 같은 존재가 국가에 완전히 용해되지 않고, '해방' 이후 70여 년간 4세, 5세, 6세로 세대를 이어올 수 있었던 까닭은 무엇일까? 모국어와 이름, 문화와 생활 방식, 취직, 결혼 등 인생의례에 있어서 남과 북 양쪽 모두로부터 공간적으로 떨어져 있으면서도 한국성·조선성과 관계 맺은 이들이 여전히 일본 땅에 살아 있다. 그들을 자이니치로 살아오게 한 원동력은 무엇이었을까? 이를 한마디로 말하면, 역사의 기억이지 않을까. 그것도 자이니치 2세에 의해 만들어지고 계승되어온 '자이니치 1세의 기억'이 아니었을까?

일본은 나태嬾惰, 불령不逞, 시기, 의심, 빈곤, 무지, 몽매, 열등, 범죄, 불결 등 이 세상의 모든 부정적인 속성을 자이니치 1세에게 덮어씌웠다. 그들을 뿌리로 하면서도 민족의 언어와 문화, 전통, 풍습을 물려받지 못한 자이니치 2세에게 부모는 이율배반적 존재였다. 부정과 긍정이 동시에 존재하는 애증이 자이니치 2세의 '어디에도 뿌리 내리지 못한 정체성'을 남겼다.

2세에 의한 1세의 기억이 자이니치라는 독특한 존재를 만들어냈다. 강도와 농도의 차이는 있을지언정 기억은 세대를 넘어 계승되었다. 기억의 계승이야말로 자이니치를 자이니치로 만들고 지속시키고 있다.

다섯, 여섯 세대를 거치며 1세의 기억은 많이 풍화되었다. 다만 이기억이 평탄하게 과거의 역사로 희석되지는 않을 것이다. 코리아 포비아가 커질수록 역설적으로 자이니치의 한국성·조선성이 부각되며 1세의 기억이 되살아나기 때문이다. 그러나 자이니치 2세가 쓴 1세의 기억이 영원히 박제되지는 않을 것이다. 새 세대는 기억의 껍데기를 부수고 미래로 나아갈 수 있다는 가능성을 이미 보여주었다.

변경적인
것

1 - 홋카이도 노쓰케반도

희미한 빛으로 깃드는 희망
–'야만의 기록'을 고발한다

나는 지금 홋카이도의 동쪽 노쓰케반도의 외길을 걷고 있다. 어제의 거센 눈보라는 거짓말처럼 사라지고, 구름 사이로 희미한 빛은 새어든다. 유빙이 떠다니는 바다는 세상의 끝인 것처럼 고요하다.

해협을 할퀼 듯이 뻗어나온 낫처럼 생긴 노쓰케반도는 일본 최대의 사취砂嘴◆이다. 바다로 눈을 돌리니 구나시리토◆◆가 모습을 드러낸다.

소세키의 심정

나가사키 군함도에서 시작된 이번 여행이 마침내 종착지에 도착했다. 나는 북방 4도가 보이는 변경에 다다랐다. 변경이라는 말에는 중심으로부터 먼, 그리고 이계와 접하는 땅이라는 의미가 있다. 이 책은 어찌하여 변경과 그곳에 살고 있는 사람들, 거기에 담긴 기억과 역사를 따라가는 여행이 되었을까.

지리적 변경이 아니더라도 사회적·문화적·심리적 변경이라고 부를 수밖에 없는 것들을 나는 왜 따라갔을까. 그것은 나라는 존재가

◆ 바다 가운데로 길게 뻗어나간 둑 모양의 모래톱. 해안의 모래가 파랑과 연안류에 의해 옮겨져 한쪽은 육지와 이어지고 다른 쪽은 바다로 뻗어나간 형태이다.

◆◆ 쿠릴열도 남단의 섬이다. 1855년 러일 화친조약을 맺으며 일본이 지배하였으나 1945년 9월 1일 소련군이 섬을 점령하였다. 이 섬을 비롯하여 주변 4개 섬을 놓고 일본과 러시아가 영토 분쟁을 하고 있다.

변경을 체현하고 있기 때문이다.

한韓의 후손으로 태어나 일본에서, 그것도 일본 본토에서 산다는 것은 변경을 몸에 두르고 사는 삶을 뜻한다. 동시에 고도성장 시대의 적자라고 할 수 있는 내게 삶은 변경에서 이탈하여 볕이 잘 드는 중앙으로 조금이라도 더 가까이 가는 일이었다. 하지만 빛을 구하려 한 결과, 나는 언제부터인가 변경적인 것을 잃어버리고 말았다.

변경의 소중함을 깨닫게 한 것은 동일본 대지진이다. 대지진과 쓰나미, 그리고 원전 사고는 변방의 삶을 송두리째 세상 밖으로 내몰았다. 이것은 얼마나 무서운 일인가. 그것을 깨달았을 때, 내 안에서 잊고 있던 변경이 쑥쑥 올라왔다.

그동안 나는 무엇을 얻고 무엇을 잃었을까? 이 물음은 전후의 일본이, 근대 일본이 무엇을 얻고 무엇을 잃었는가라는 근본적인 질문으로 확장되었다.

메이지 유신으로부터 150년이 지났다. 식산흥업과 부국강병에 애쓰면서 4개의 섬을 중심으로 하는 본토에 오키나와 등 주변의 도서를 편입하며 국경이 확장되었다. 동아시아로 팽창해나가던 일본의 행보는 패전이라는 좌절을 겪으며 고유의 본토로 축소되었다가, 불사조처럼 소생하여 경제 대국으로 올라섰다. 국경으로 둘러싸인 국민이라는 상상의 공동체의 역사는 한층 돋보이는 '국가와 국민의 역사'를 만들어냈다. 그러나 볕이 드는 곳에는 반드시 그림자가 드리우기 마련이다. 메이지 국가의 반짝이는 미래에서 가장 먼저 어둠을 찾아낸 사람이 나쓰메 소세키다. "일본국 전체 어디를 둘러보아도 반짝이는 단면은 1촌 4방도 없지 않느냐. 모조리 암흑뿐이다." 『그 후』

의 주인공의 염세적인 독백에 소세키의 심정이 잘 묻어 있다.

사라지는 경계

소세키는 일본의 근대를 개탄하면서도 어슴푸레한 희망을 찾아내려 시도했다. 변경적인 것, 사라진 것, 혹은 사라져가는 것들 중에서 '희망의 불꽃'을 쏘아올릴 수 있는 능력(발터 벤야민Walter Benjamin)을 찾고 싶었다.

나는 이번 여행 내내 변경의 흔적을 되돌아보았다. 거기에는 그늘이나 어둠만 있지 않았다. 오히려 밤에 더욱 빛나는, 희망이라 할 수 있는 무엇이 있었다. 그것은 단지 일본의, 근대의, 그리고 전후의 에피소드가 아니다. 회고적으로 엮인 과거의 사건도 아니다. 이 책에서 돌아본 장소와 사건, 그리고 사람들은 150년의 시공을 넘어 지금까지 이어지는 '야만의 기록'을 고발한다.

역사가 국가와 국민의 역사(내셔널 히스토리)에 머문다면 "땅에 쓰러진 사람들을 짓밟고 앞으로 나아간" 승자의 역사에 지나지 않는다. 그러나 역사의 뒷면에는 변경이 짊어진 말할 수 없는 고역이, 야만의 기록이 새겨져 있다.

전후가 어제의 세계로 물러나고, 야만의 역사가 애국과 만세 구호에 묻히고 있다. 변경은 기억과 기록에서 지워질 운명에 처했다. 그러나 그렇게 되지 않을 것이다. 역사는 승리의 전유물이 아니다. 이름 없이 사라진 사람들, 자신의 처지를 저주하면서 죽은 사람들을 복원해야 한다. 역사의 묘지에 버려진 이들을 되살려 이어 붙일 때, 비로소 내 부모가 살아간 역사도 제대로 이해할 수 있을 것이다. 나는 이 꿈을 포기하지 않았다.

나는 변경을 몸에 두른 자들의 상속인이다. 내 앞에 놓인 지리적 국경이, 사회적·문화적·심리적 국경의 벽이 허물어지고 있다. 이번 여행은 나와 같은 꿈을 꾸는 이들을 만나는 기쁨으로 가득했다. 일본은 그런 이들을 끊임없이 배출했다. 바로 여기에 이 나라의 희망이 깃들어 있다.

마치며

　군함도에서 시작하여 노쓰케반도에서 끝난 이 책은 메이지 150년을 살아낸 헐벗은 백성의 발자취를 따라간 사색 여행이다. 거기에서 국가에 의해 창출되어 지知와 권력의 통제를 받으며 국가를 밑바닥에서 떠받치는 국민을 만날 수 있었다.

　그들의 역사는 메이지 이후 국민국가의 정사正史에는 아예 빠져 있거나 아주 사소한 에피소드로 다루어졌다. 지하 몇 백 미터 아래에 생매장 당한 갱부들의 역사가 그러했던 것처럼 말이다. 헐벗은 백성은 메이지 150년의 기록에서 지워졌다.

　2018년, 메이지 150년이 지난 지금 일본에서는 지방의 쇠퇴, 계급 격차의 확대와 더불어 엄청난 수의 헐벗은 백성이 버려지고 있다. 잡티 없는 순수성은 이들을 포섭하지 않는다. 국민 통합에 균열이 생기자 그 자리에서 순수성만을 강조하는 국수적 배외주의가 다시 피어올랐다.

　나의 여행은 현재에서 출발하여 과연 일본의 근대란 무엇인지, 일본의 근대는 무엇을 획득했으며 무엇을 잃었는지 다시 물어보는 작업이었다. 여행하는 동안, 항상 내 뇌리에 달라붙어 떨어지지 않던 것이 있다. 어디를 가든 머리를 내미는 존재, 분명하게 느껴지는 존재. 그건 바로 국가다. 메이지 이후 150년은 일본을 어떤 나라로 만들었는가? 나는 이 질문을 손에 꼭 쥐었다.

시바 료타로와 마루야마 마사오의 불안

열강에 개국되어 국민국가의 길을 걷기 시작한 근대 일본은 국가가 국민을 창조하는, 이른바 '독일형 길, 특수한 길(Sonderweg)'을 걸어왔다고 한다. 빛바랜 마르크스주의 해석이지만, 메이지 이래 일본이라는 국가의 한 특징을 설명하기에는 충분하다.

국가의 무오류성은 무모한 전쟁을 통해 거짓으로 판명되었다. 패전은 국가가 만능이 아님을 드러냈다. 시바 료타로는 그것을 '리얼리즘의 결의'라고 지적했다. 그는 리얼리즘을 잃은 쇼와라는 국가의 바보스러움을 다음과 같이 묘사했다. "전차는 국가의 일부입니다. 장갑의 두께, 포의 크기, 그리고 전체를 수량화할 수 있다고 여기는 소박한 리얼리즘 덩어리입니다. 명쾌하게 말하면 '국가는 물체'입니다. 리얼리즘의 자기 인식을 통해 적의 리얼리즘도 알 수 있습니다."

이 얼마나 그다운 지적인가. 마법의 숲에서 길을 잃은, 리얼리즘 없는 (전쟁 전의) 쇼와라는 국가는 메이지라는 국가와 선명하게 대비된다. "메이지는 리얼리즘의 시대였습니다. 그것도 투명하고 격조 높은 정신 위에 선 리얼리즘이었습니다."

시바 료타로는 메이지를 전전의 쇼와에서 구출한 뒤 리얼리즘의 재생이라고도 할 만한 전후의 새로운 쇼와 국가로 이끄는 그림을 그렸을 것이다. 그에게 전후 일본은 메이지의 유산을 전부 긁어모아 재건한 국가이다.

전후 민주주의를 대표하는 정치학자 마루야마 마사오를 일약 논단의 총아로 끌어올린 1946년 데뷔작 「초국가주의의 논리와 심리」는 초국가주의(울트라내셔널리즘)의 기괴함을 파헤쳤다. 그는 리얼리즘이 제거된 초국가주의가 군과 국가, 그리고 사회와 국민을 컬트적 열광 속으로 몰아넣는 이유를 폭로했다.

주권자(천황)의 국체♦는 극동 군사재판(도쿄 전범재판)에서 실체가 파괴되었다. 국체의 그늘에 몸을 숨기고 교만히 자존심을 부리던 지도자. 일본은 그런 지도자들에게 선동되었고, 거꾸로 그들을 다시 선동한 '소국민'에 의해 파멸했다.

마루야마 마사오는 징병되어 식민지 조선으로 건너갔고, 거기에서 다시 히로시마로 돌아와 종전을 맞았다. 원자 폭탄에 파괴되고 오염된 도시를 바라보며 마루야마는 "이런 바보 같은 짓을 벌이는 나라에 태어났다"라고 한탄했다.

그럼에도 그들은 근대를 되돌아보며, 지금은 굴욕을 당하고 더럽혀진 폐허 가운데에 있지만 일본에는 자랑할 만한 것이 있다고 믿었을 터이다. 그것이 바로 메이지 국가의 유산이다. 시바 료타로에게

♦ 헌법학에서 주권이 어디에 있는지에 따라 분류하는 국가 형태를 국체國體라 하며, 군주국(체), 공화국(체) 등으로 분류된다. 그런데 여기서 말하는 국체国体(일본식 한자 표기)에는 다른 의미가 있다. 중국이나 서양에 대한 일본의 우월성을 보이는 근거로서, 건국 신화에 기반한 천황의 신성성과 군림의 지속성을 내용으로 한다. 메이지 유신 이후 일반 논설 및 「교육칙어」, 「신문법」, 「치안유지법」 등에 국가 체제의 정당성을 시사하는 말로 자주 등장하는데, 뜻이 명확하지 않아서 비판하는 사람이 많았다. 쇼와 시대에는 좌익 세력이나 자유인권 운동 탄압의 근거가 되어 신화적 해석이 한층 강조되었다. 패전 및 「신헌법」 제정 후에야 통치 근거로서의 역할을 상실한다.

도, 마루야마 마사오에게도 쇼와 20년(일본이 2차 세계대전에서 패배한 1945년)까지의 일본은 "어떻게 보아도 메이지와 다른 나라처럼 보이며, 다른 민족이 아닐까 싶을 정도로" 이상했다.

물론 두 사람 모두 메이지 국가가 국가주의를 배태하고 있다는 사실을 알았다. 그럼에도 시바 료타로는 메이지라는 국가는 자유민권과 입헌국가라는 세계 사조의 세례를 받아 탄생했다고 강조했다. 마루야마 마사오도 「메이지 국가의 사상」에 존왕양이와 공의여론, 국가 권력의 집중과 분산, 국가주의와 국민주의, 민주화의 다이너미즘을 그려내려 했다. 둘 다 패전과 점령에 의한 전후 민주주의가 하늘에서 홀연히 내려온 것이 아니라, 메이지에서 싹텄다는 점을 증명하고 싶어 했다. "국민국가에서 국민적 연대감을 기반으로 하여 만들어진 고도의 무엇"이 전후 민주주의를 추동했으며 "대일본제국의 '실재'보다 전후 민주주의의 허망에 걸어본다"라면서 전후 데모크라시로의 결단주의적 앙가주망engagement◆을 선언한 마루야마를 추동한 것 또한 애국이다. 두 사람은 전후 민주주의가 정착하는 모습을 바라보며 메이지의 근대 프로젝트가 마침내 완성되었다고 느꼈으리라.

그들은 만년에 메이지 국가 안에 숨은 국가주의의 그림자를 두려워했던 것 같다. 시바 료타로는 미래에 대한 불안을 극복하기 위해 초등학생에게 쓴 「21세기를 살아가는 그대들에게二十一世紀に生きる君

◆ 지식인의 사회 참여. 아는 만큼 행동하고, 사상에 대한 사회적 책임을 의무로 받아들이는 것이다.

たちへ」(1987)를 발표했다. 마루야마 마사오는 원형 탐구에 몰두했다. 두 사람 모두에게 낙담의 그림자가 숨어들었기 때문이라고밖에는 생각되지 않는다.

마루야마 마사오와 시바 료타로의 서거 이후 약 20년이 지났다. 타자에게 공감하려는 모습이 티끌만큼도 없이, 국가주의의 그림자가 퍼지는 오늘의 일본을 본다면 그들은 어떤 기분을 느낄까?

나는 일본 곳곳에서 국가주의에 유린된 사람들의 비극과 그 비극에 항거한 사람들의 기억을 만났다. 그 앞에서 묻고 또 묻지 않을 수 없다. 어찌하여 끔찍한 비극은 반복되고, 또 언제까지고 방치되는 것일까?

모리 오가이와 나쓰메 소세키의 우울

열도에 돔dome처럼 우뚝 솟은 국가는, 특히 그 심장부에 앉은 파워 엘리트는 헐벗은 백성의 아픔과 역사에 당연히 갖추어야 할 경의조차 표하지 않았다.

료타로와 마사오가 국가주의에 대하여 품었던 우울을, 메이지 국가의 대표 지식인이자 작가인 모리 오가이도 느끼고 있었다. 시바 료타로는 한 나라의 아픔이나 다른 민족의 역사를 이해하지 못하는 엘리트 교육, 일종의 수재 교육이 러일전쟁 전후에 시작되었다고 밝혔다.

모리 오가이는 대역 사건◆이 있기 2년 전에 고향 쓰와노에서 한 강

◆　1910년의 대역 사건. 천황 암살을 계획했다는 이유로 전국의 사회주의자와 무정부주의자를 체포, 기소하여 사형과 금고형 판결을 내렸다.

연 「혼돈」에서 불안을 완곡히 표현했다. 그는 혼돈을 예로 들며 잔꾀가 많은 수재일수록 시대의 변화를 서랍에 정리해 넣고 싶어 하는데, 이러다 보면 결국에는 아무것도 못 하는 상황이 온다고 설명했다. 그러면서 혼돈의 시대에는 오히려 쓰와노에 사는 시골뜨기 같은 인물이 필요하다고 말했다.

"권위authority를 무리하게 보호해서도 안 됩니다. 어떤 것이든 무너집니다. 여러 가지가 무너질 것입니다. 그렇다고 세상이 엉망이 되어버릴까요? 그렇지 않습니다. 사람은 혼돈 가운데에서도 모든 것을 가지고 있습니다. 새로운 사상이나 새로운 설이 등장할 텐데, 그것이 이미 가진 지식에서 나온 것인 한 우리도 맹아를 가지고 있었다고 할 수 있습니다."

메이지 국가는 국가 목표를 달성하고 '일등국가'가 되었음에도 불구하고, 아니 그랬기 때문에 바로 경직되었다. 그리고 권위를 마음대로 휘두르기 시작했다. 모리 오가이는 '우리는 혼돈을 두려워하지 않는 쇄신이 필요하다'라고 말하고 싶었으리라.

모리 오가이와 쌍벽을 이루던 소세키는 더욱 급진적이며 비관적이었다. 그에 관해서는 이미 앞에서 언급한 대로다.

국가와 유착한 신흥 자본의 일각에 기생하면서도 세속에서 벗어나 고등 유민으로 살고 싶어 한 『그 후』의 주인공 다이스케는 격한 어조로 말한다. "일본은 서양에서 돈이라도 빌리지 않는 한 일어설 수도 없는 나라다. 그러면서 일등국인 척한다. 어떻게든 무리해서 일등국 자리에 끼어들려고 한다. 그러니까 모든 방면을 향해 깊이 있게 들어가려 하지 않고 일등국 크기만큼만 열어두었다. 어설프게 애를 쓰니 더 비참하다. 소와 경쟁하는 개구리처럼 말이다. '너, 이제 배가 찢어질 거야. 그 영향이 모두에게 쏟아질 테니, 어디 한번 보시지.' 이렇게 서양의 압박을 받으면서 무엇을 할 수 있나. 그렇게 바싹 조여서 눈이 돌아갈 정도로 애를 쓰고 공부하니까 다들 신경쇠약에 걸릴걸. (중략) 피곤하니까 어쩔 수 없어. 정신적 고달픔과 신체적 쇠약에는 불행이 동반된다. 뿐만 아니라 도덕적 패퇴도 함께 올 것이다. 일본 어디를 보아도 반짝이는 곳이 없지 않은가. 사방이 암흑이다." 소세키의 개탄을 대변한 주인공의 고발이 마치 현재 일본에 관한 이야기처럼 들린다.

국가주의의 융기와 감각적 충동의 해방, 국권과 민권의 분열, 국가와 자본의 유착, 도쿄로 쏠린 부와 재화, 피폐해진 지방, 미국에 대한 추종과 그 밖의 다른 나라에 대한 무시…. 그 모든 문제는 메이지 국가가 완성될 때 이미 배태되었다.

전후 70년이 지났다. 일본과 아시아를 미증유의 파국으로 이끌고 갔던 불균등한 발전의 병리는 시정되었을까? 동일본 대지진과 후쿠시마 원전 사고. 방조제와 둑에 고향을 빼앗긴 무고한 시민들. 그러나 일본은 후쿠시마를 콘크리트로 덮으며 국가의 실수와 잘못도 함께 묻어버렸다. 국가와 그에 준하는 기관 가운데 누구 하나도 잘못을 인정하지 않았다. 전후 70년이 지나서도 이 광경을 보아야 한다면, 누가 소세키를 비판할 수 있으랴.

화혼양재의 이데올로기
나는 국가의 그림자를 보았다. 국가는 유령 같은 존재가 아니다.

국가는 살아 있는 인간들의 집합이다. 그러나 이곳에서는 살아 있는 인간이 보이지 않는다. 그저 무기질적 권한과 규칙, 관행만 남아 있을 뿐이다.

이 상황을 바로잡는 것은 정치가의 몫이다. 전후 민주주의는 '평화국가'의 기치를 내걸고 개인의 인권과 함께 인간다운 '문화생활'을 보장하겠다고 주장했다. 하지만 실제로 마주한 일본은 마치 국가를 위하여 국민이 존재하는 것처럼 도착된 상태였다. 국민 없는 국가주의만 팽창했다.

화혼양재라는 슬로건은 국가주의의 분위기를 앞으로도 유지하겠다는 선언이기도 하다. 우리는 왜 지금도 '화혼양재'인지 질문하지 않으면 안 된다. 과학과 기술이 낳은 낙관주의는 시대에 따라 형태가 달라질 뿐 사라지지 않는다. 메이로쿠사明六社*의 중심인물 중 한 명인 니시 아마네西周는 한 점의 티끌도 없는 화혼양재만이 건강과 지식과 부를 낳을 수 있다고 했다.

화혼양재는 여기에만 머무르지 않는다. 그것은 일본이라는 국가의 정체성을 드러내는 프로젝트가 되었다. 일본의 근대는 서구에 대해 독자성을 가지면서도 서구를 상회하는 문명화를 실증하고, 아시아 문명화의 최전선을 점유하는 명시적 이데올로기가 되었다. 이 이중의 차별화 전략은 오직 일본만이 서구와 아시아의 결절점이자 양

◆ 근대 일본의 종합 학술지 『메이로쿠』 잡지를 발간한 곳. 모리 아리노리, 니시무라 시게키, 쓰다 마미치, 니시 아마네, 나카무라 마사나오, 미쓰쿠리 슈헤이, 스기 코지, 미쓰쿠리 린쇼, 가토 히로유키, 후쿠자와 유키치 등 메이지의 대표적 지식인이 참가했다. 이들은 계몽의 도구로 정기 연설회와 잡지 발행을 선택, 연설회에서 주제를 잡아 의견을 나눈 뒤 글을 쓰고 『메이로쿠』에 실었다.

자를 잇는다고 믿게 만들었다. 그러나 메이지 150년이 지난 지금, 중국과 한국을 비롯한 많은 나라가 문명화를 달성했다. 화혼양재는 더 이상 빛나지 않는다. 오직 동아시아 최초로 문명화에 도달했다는 국민적 기억이 화혼양재를 받치고 있을 뿐이다.

역사상 최초로 원자 폭탄 공격을 받고, 미증유의 사고가 일어났어도 원자력 발전소 수출을 멈추지 않는 국가는 언제 화혼양재의 낙관을 포기하게 될까. 1장에서 언급한 "원자력, 밝은 미래의 에너지"라는 표어는 낙관주의의 슬픈 묘비였다.

화혼양재란 정신과 기술의 분리 위에 성립된다. 이때 기술적 실패는 정신의 문제로 전이되지 않는다. 실패와 좌절의 충격이 정신으로 올라가는 회로가 차단되었기 때문이다. 정신, 즉 화혼이란 무엇인가. 프랑스의 일본 연구자 알랭 마르크 뤼Alain Marc Rieu의 말을 빌리면 "상징적인 권력으로서의 국체"이다. 이를 짊어지는 것이 관료다. 화를 낼 줄도, 미워할 줄도 모르는 정교한 기계처럼 행정을 처리하는 관료. 그러나 국체를 구현하는 관료는 단순한 기계가 아니라 정신의 집합체로 간주되었다. 반면 기술을 짊어진 인텔리는 국체 바깥쪽에 하위 집단으로 구조화되었다. 이 집단은 화혼, 즉 정신의 영역에는 참견할 수 없다. 알랭 마르크 뤼는 메이지 국가에서 지식인의 무력함이 관료와 지식인의 단절에서 비롯했다고 지적했다.

기술과 정신을 다시 연결할 수 있다면 화혼양재의 낙관주의는 어딘가로 확 날아가버릴 것이다.

화혼과 양재를 나눌 수 있다는 발상은, 밖에서 수입한 지식과 기술을 그것이 만들어진 배경과는 상관없는 계획이나 대의의 도구로도 사용할 수 있다고 간주한 데서 나왔다. 지식과 기술은 단순히 도구나 수단, 테크닉이 아니라 가치와 태도의 문제이다. 그럼에도 메이지 국가 이래 일본은 지식과 기술을 탈착 가능한 장치로 간주하고, 그것에 목적과 가치를 부여하는 것을 화혼, 즉 국체라 인식했다.

내각제가 확립(1885)된 다음 해에 학술·기예의 연구와 국가적 인재 양성을 수행하는 「제국대학령」이 제정되면서 화혼양재가 구체화되었다. "제국대학은 국가의 수요에 응해 학술·기예를 교수하고, 그 온오를 궁구하는 것을 목적으로 한다."「제국대학령」제1조는 지와 권력, 지식·기술과 국가의 관계를 명시했다. 일본이 패전할 때까지 「제국대학령」은 모든 교육의 원리로 작동했다.

패전 후 천황 중심의 일군만민一君萬民 공동체가 붕괴했다. 국체라는 말도 '국민체육대회'의 줄임말로 바뀌었다. 관료는 국체를 구현하는 제후가 아니라 국민 전체를 위해 봉사하는 새 역할을 부여받았다. 그러나 천황은 국민 통합의 상징이자 전체성의 상징으로 남았다. 관료는 겉으로는 국민 전체를 위한 봉사자였지만 사실상 국민을 내려다보는 일본판 노멘클라투라nomenklatura♦가 되었다.

화혼양재로 표현되는 지와 권력의 결절점이 메이지 이후 심신의 병과 위생, 혈통에 관한 개념과 제도이다. 한센병과 정신질환을 둘러싼 보이지 않는 차별은 지와 권력 간의 국가적 봉합에까지 다다를 정도로 뿌리가 깊었다. 독일어 히기니Hygiene를 '위생'으로 번역

♦ 사회주의 국가의 특권계층을 가리키는 말이다.

하여 근대 일본의 공중위생에 앞장 선 나가요 센사이長与專斎♦ 내무성 위생국장은 일본사립위생회 발회식에서 이렇게 말했다. "「공중위생법」으로 균형을 맞추지 않으면 개명백반開明百般 사업은 국가를 빈약하게 만들 것이다." 공중위생이 국가의 중요한 관심사이며, 이에 성공하지 못하면 빈약한 삼류 국가가 되어버릴 뿐 아니라 서구의 여러 나라가 야만이라는 낙인을 찍을지도 모른다는 것이다.

문명과 야만의 이분법이 혈통에 기반한 계층 질서에 의해 강화되며 사회 밑바닥까지 뻗어 내려갔다. 히로타 마사키는 다음과 같이 지적했다. "혈통에 의한 질서는 천황, 황족, 화족, 사족, 평민, 그리고 신평민, 아이누, 오키나와인의 계열로 파악된다. 일군만민의 이념은 화족 이하를 '만민'으로 관대하게 포괄하면서, 만방무비萬邦無比 만세일계萬世一系♦♦의 혈통을 정점으로 하는 일본형 화이 의식華夷意識을 재생한다. 이를 바탕으로 피차별부락민♦♦♦, 아이누, 오키나와인에 대한 차별 의식이 재생되었다."

이 위계는 패전과 함께 완전히 붕괴했다. 전후에는 개인의 기본권과 법 앞에서 평등할 권리가 보장되었으며, 차별을 강제하는 사회 구조가 철폐되었다. 하지만 아주 최근까지도 「나병예방법」과 「우생보호법」이 살아 있었으며, 가시화되지 않은 차별도 끈질기게 되살아나

♦　한의사 집안에 태어나 베를린 유학 후 관료로서 근대화에 기여했다.

♦♦　일본 황실의 혈통이 영원히 한 계통으로 이어진다는 주장. 「제국헌법」 1조에 "대일본제국은 만세일계의 천황이 통치한다"라고 쓰여 있다.

♦♦♦　메이지 유신으로 천민 계급이 평민에 속하게 되자, 평민은 그들을 '신 평민'이라 부르며 차별했다. 천민이 살던 마을이나 지역을 행정부에서 복지의 객체로 보고, '피차별부락' 혹은 줄여서 '부락'이라 부른 데서 나온 말이다.

고 있다. 오키나와 기지 건설 반대 운동과 자이니치를 둘러싼 혐오 발언에서 볼 수 있듯이, 일본형 화이 의식은 무정형의 집합적 무의식처럼 사회의 깊은 곳에 숨어 있다가 어떤 사건이 일어날 때마다 간헐천처럼 뿜어져 나온다.

유사 인텔리와의 만남

헐벗은 백성의 역사를 알아갈수록 마음속에서 일본 땅과 사회에 대한 애정이 솟아오른다. 민족, 국적, 개인의 역사를 뛰어넘어, 내 몸 안쪽에서 샘솟은 공감이다.

알랭 마르크 뤼는 사회적 비참이 반복되는 원인 가운데 하나로 근대 일본 지식인의 무력함 혹은 비력非力함을 꼽는다. '지식인이란 무엇인가'라는 정의는 일단 제쳐두고, 화혼과 양재를 잘라낸 시스템 안에서 지식인의 사회적 존재감이 희박했다. 근대 일본의 지식인은 사회적 응집력을 결여한 테크노크라트technocrat◆, 대학 교수, 전문직의 지위를 얻은 부류와 기예, 문학, 예술 종사자, 그리고 여기서도 탈락한 부류로 양극화되었다. "근대 일본에는 지식인을 구성하는 여러 직업이 있지만, 그것을 분모로 하여 하나의 사회군을 이룬다는 상상력이 빈약했다. 오히려 뷰로크라시bureaucracy◆◆에 따라 구분하는 쪽이 보다 선명한 지표가 되었다."(마루야마 마사오)

메이지 초기에는 다카시마 탄광의 갱부를 억압하는 궁핍과 아시

◆ 기술 관료, 기술자 출신의 고급 행정관.
◆◆ 관료제·위계 서열에 따라 일상적인 행정이 이루어지는 통치 형태로, 효율성은 있으나 민주주의를 방해한다.

오 광독 사건의 참상을 폭로한 지식인이 있었다. 전후에도 공해 반대 운동, 시민 운동, 평화 운동, 차별 철폐 운동 등에 투신한 지식인이 있었다. 그러나 그 힘이 화혼을 꺾을 만큼 강하지 않았다. 그러던 찰나에 국민 없는 국가주의가 대두하면서 지식인의 사회적 응집력이 증발해버렸다.

이제 '지식인의 종언'이 기정사실화되었다. 우리는 누구나 메시지를 발신할 수 있는 시대를 살고 있다. 이런 때에 근대적 지식인의 부흥을 말하는 것 자체가 시대착오일지도 모른다. 그렇다면 마루야마가 말하는 유사 인텔리◆에 착목해야 하지 않을까? '유사'는 '사이비'라는 뜻이 아니다. 근대적 의미에서는 지식인이 아니지만, 그 아종亞種이라 할 만한 지식인을 가리킨다. 메이지 이후, 서구와 달리 일본의 지식은 학력이나 사회적 지위, 공사의 관료제와 일치하지 않는 형태로 지방에까지 침투했다. 어찌 보면 평등하고 균등한 형태로 중앙과 지방에 분배되었다. 이와 같은 배경이 유사 인텔리가 활약할 공간을 제공했다.

이 책에서 내가 만난 사람들은 사회적 곤경을 공론의 장으로 끌어올린 유사 인텔리이다. 그들의 유산이 현대로 계승된다면 메이지의 그늘에 갇혀 국가를 올려다보기만 하던 순종성에서 해방될 수 있지 않을까?

우리는 관점을 바꿔야 한다. 국가라는 돔을 바깥에서 바라보아야 한다. 과거가 아니라 미래에서 희망을 구해야 한다. 우리가 가야 할 길을 보여준 수많은 유사 인텔리에게 마음 깊이 감사드린다.

◆ 원문의 표기는 '의사擬似 인텔리'이다.

감사의 말

저널리스트 지쿠시 데쓰야筑紫哲也가 예전에 내게 보내준 책에 "나는 지금까지 만난 모든 것의 부분(I am a part of all I have met)"이라는 영국 계관 시인 앨프리드 테니슨Alfred Tennyson의 말이 인용되어 있었다. 나는 이 문장을 아주 좋아한다. 여기에는 이 세상에 없는 사람과 살아 있는 사람들의 만남이 축적되어 있기 때문이다.

전국을 오르내리며 근대, 전전, 전후, 그리고 현대에 이르는 역사를, 많은 사람의 발자취와 마음을, 그리고 숨결을 간직한 현장을 방문했다. 오감을 통해 알게 된 것을 사색이라는 필터로 걸러내 이 책에 담았다. 여기에는 울기도 하고 웃기도 하며 살아 있는 몸을 가진 사람들의 이야기가 있다. 이런 만남이 없는 학문은 그저 얄팍한 잔꾀에 불과하다.

이 책은 죽은 자와 산 자를 모두 포함한 사람과의 만남이다. 역사의 현장에서 만난 이들은 모두 본문에 밝혀놓았다. 여기에서는 이 책을 만드는 과정에서 만난 이들을 소개하려 한다.

무엇보다 가장 먼저 이야기하고 싶은 사람은 하시즈메 구니히로橋詰邦弘(교도통신 편집위원장)이다. 그는 교도통신 연재 기획을 구상하고 그 기획의 여행자로 나를 선택해주었다. 그가 없었다면 연재도, 책도 세상에 나올 수 없었다. 또 그는 사색의 여행의 소중한 동반자이기도 했다. 정말로 감사드린다. 또 다른 동반자인 가키자키 메이지柿崎明二(교도통신 논설위원)에게도 감사드린다. 그는 수많은 조언과 현대 일본의 정치에 관한 깊은 통찰을 아낌없이 들려주었다.

모든 여행을 함께한 호리 마코토堀誠(교도통신 편집위원)도 잊을 수 없다. 그는 사색의 여행의 가이드를 맡아주었다. 보도 카메라맨으로서도 정평이 난 호리 마코토의 시선은 참으로 상냥하다. 그 덕분에 나는 안심하고 카메라 앞에 설 수 있었다.

한신·아와지 대지진 취재에 도움을 준 나가누마 다카유키長沼隆之(고베신문 보도부 차장), 오키나와의 전쟁 상흔과 현실을 느낄 수 있게 도와준 오나하 야스타케小那覇安剛(류큐신보 사회부장)와 아베 가쿠阿部岳(오키나와타임스 북부 보도부장), 후쿠모토 다이스케福本大輔(오키나와타임스 기자)에게도 감사드린다. 올림픽 관련 시설 견학에 도움을 준 이가라시 유五十嵐裕도 빼놓을 수 없다. 나의 고등학교 동급생이자 구마모토 일일신문사 사장을 맡고 있는 가와무라 구니히코河村邦比児에게도 감사의 말을 보낸다. 그의 격려가 연재를 하는 내내 큰 힘이 되었다.

젊은 감성과 상상력으로 여러 편의 글을 한 권의 책으로 묶어준 이시토야 케이石戸谷奎(슈에이샤 신서 편집부)에게 감사드린다. 그를 비롯한 슈에이샤 편집자들의 치밀한 교열 작업 덕분에 이 책을 완성할 수 있었다. 표지의 제목을 써준 서예가 야마자키 슈오山崎秀鴎에게도 감사드린다.

마지막으로 오치아이 가쓰히토落合勝人(슈에이샤 신서 편집부 편집장)

를 빼놓을 수 없다. 운명적 만남으로부터 벌써 15년이 지났지만, 그의 질타와 격려는 지금도 나를 다잡게 한다. 사색의 여행이 완성될수 있었던 것은 전적으로 그가 있었기 때문이다.

원래 없었던 것은 아니지만, 동일본 대지진 이후 일본에서는 혐한 시위가 더 잦아졌다. 한류를 좋아하는 사람들이 모이는 곳에서는 어김없이 혐한 시위가 열렸다. 코리아타운 가운데 가장 붐비는 곳은 단연 도쿄의 신오쿠보다. 동방신기, 소녀시대, 카라 때도 그랬지만, 트와이스와 방탄소년단이 인기를 얻자 중년 남성을 제외한 모든 연령과 성별의 한류 팬이 신오쿠보로 모였다. 혐한 시위까지 포함한다면, 전 연령층에 한류가 어필하고 있다고 봐야 할까?

언젠가 혐한 시위가 매주 열리자 신오쿠보를 찾는 사람이 줄어든 적도 있다. 하지만 무역 보복 등의 문제로 혐한이 신문과 방송의 가장 중요한 이슈가 되었을 때도 한류는 꺾이지 않았다. 대중은 인터넷을 이용해 케이팝과 한국 드라마에 접근했다. 그리고 이건 혐한 시위도 마찬가지였다.

혐한 시위를 주도하는 단체는 '자이니치의 특권을 용납하지 않는 시민 모임(이하 재특회)'이다. 그들은 자이니치가 가진 특권을 없애라고 주장한다. 그런데 자신들의 이름에 모임의 목적을 분명히 한 재특회가 혐한의 선두에 선 것도 어딘가 어색하다. 1980년대 이후 이주해온 한국인을 가리키는 '뉴카마new comer'는 특별영주권자가 아니므로 재특회의 목표에서 크게 벗어나기 때문이다. 신오쿠보는 뉴카마들이 모여 살면서 비교적 최근에 만들어진 코리아타운이다. 재특회는 이 지역에서 혐한을 외치면서도 그곳으로부터 제법 떨어진 곳에 위치한 대한민국 영사관과 대사관을 테러하겠다고 협박한다. 이 장면만 봐도 차별의 양상이 복잡하게 변했음을 알 수 있다. 저자의 말처럼, "코리아 포비아라고도 할 만한 혐한류의 확대는, 아이러니하게도 한류 열풍과 결합해 한국성·조선성을 돋보이게"한 것이다. 그리고 이 현실은 특별영주권자뿐 아니라 뉴카마의 삶에도 복잡하게 영향을 미쳤다.

그런데 이 신오쿠보 한류 거리가 끝나는 곳에 신주쿠의 오피스가를 옮겨놓은 듯한 현대식 건물이 하나 있고, 거기에 'P생협'이 있다. 한국의 몇몇 생협과도 긴밀하게 교류하는 곳이다. 몇 년 전 나는 이 생협에서 주최하는 한일 교류회에 통역으로 참가했다. 여러 가지 프로그램이 기획되어 있었는데, 특히 '도쿄 대공습 대지진 자료 센터'를 견학했을 때가 가장 기억에 남는다. 도쿄 대공습에서 살아남은 '대장간 집 딸'이 고령의 가타리베(구술로 역사를 전하는 사람)가 되어서 당시의 경험을 말해주었다. 어디에서도 들은 적 없는 생생한 체험의 기억이었다. 자료 센터에는 조선인 희생자의 명단도 있었다. 센터에서 조금 떨어진 곳에는 조선인 희생자의 영혼을 기리는 위패와 위령비가 있다. 그 모든 것을 어떻게든 시민의 손으로 기록하고 후대에 전하려고 하는, 그리고 무슨 일이 있어도 「평화헌법」을 지키겠다는 각오가 느껴졌다. 당연하게도 정부의 지원을 받지 못하는 이 센터는 생협과 지역 주민들의 참여로 겨우 유지되고 있었다. 이것을 다행으로 생각해야 할까, 아니면 슬퍼하거나 분노해야 할까. 나는 여러 감정이 뒤섞여 울렁이는 가슴을 진정시키며 겨우겨우 맡은 일에 임했다.

마치 그때처럼, 이 책을 옮기는 내내 마음이 무거웠다. 감히 일본 민중의 역사를 총괄하고 되돌아보는 내용을 번역한다는 점에서도 그랬지만, 국가를 위해 버려진 백성과 그 위에 뻔뻔하게 올라서서 번쩍거리는 일본 국가의 민낯이 느껴졌기 때문이다. 누구를 위하여, 누구를 대표하여 빛나는 나라인가. 일본뿐 아니라 한국의 근대사에 관해서도 같은 질문이 들었다.

하지만 저자가 이 책을 통해서 말하려고 한 것은 비참한 비극의 역사만이 아니다. 비극의 패턴, 기민의 역사와 함께 시민 운동의 궤적 또한 잘 드러나 있다. 덕분에 나는 뒤섞인 감정 속에서 희망의 빛을 건져낼 수 있었다. 이 책 속의 이야기는 그저 남의 이야기가 아니다. 시차를 두고 태어난 쌍둥이처럼 비슷한 한일 두 나라의 과거는 그저 우연의 결과가 아니기 때문이다. 메이지 유신과 근대 국가의 질곡을 다시 한 번 가슴에 새기는 일은 우리에게도 꼭 필요하리라. 그나마 역사를 딛고 밝은 곳으로 나아가고 있는 조국의 행보를 보면 가슴이 뭉클해진다.

하지만 코로나19는 우리 사회가 보듬어야 할 그늘을 우리에게 보여주었다. 눈에 보이는 비틀림을 봉합하고 아무 일도 없는 양 뚜껑을 덮어서는 안 된다는 당연한 깨달음이 소중하게 다가온다.

옮긴이의 말

참고문헌

苅谷剛彦,『大衆教育社会のゆくえ』, 中央公論新社, 1995

海後宗臣·仲新·寺崎昌男,『教科書でみる近現代日本の教育』, 東京書籍, 1999

小玉重夫,『學力幻想』, 筑摩書房, 2013

夏目漱石,『坑夫』(나쓰메 소세키, 송태욱 옮김,『갱부』, 현암사, 2016), 漱石全集 第5卷, 岩波書
　　店, 2016;『それから』(나쓰메 소세키, 노재명 옮김,『그 후』, 현암사, 2014), 漱石全集 第
　　5卷, 岩波書店, 2016;『三四郎』(나쓰메 소세키, 송태욱 옮김,『산시로』, 현암사, 2014),
　　漱石全集 第3卷, 岩波書店, 2016;『野分』(나쓰메 소세키, 노재명 옮김,『태풍』, 현암사,
　　2013), 漱石全集 第3卷, 岩波書店, 2016;『草枕』(나쓰메 소세키, 송태욱 옮김,『풀베개』,
　　현암사, 2013), 漱石全集 第3卷, 岩波書店, 2016;『斷片 上』, 漱石全集 第19卷, 岩波
　　書店, 2016

武部健一,『道路の日本史』, 中央公論新社, 2015

寺田寅彦,『天災と國防』, 岩波新書, 1938

丸山眞男,「明治國家の思想」,『戦中と戦後の間1936~1957』(마루야마 마사오, 김석근 옮김,
　　『전중과 전후 사이 1936~1957』, 휴머니스트, 2011), みすず書房, 1976;「超國家主義の
　　論理と心理」,『現代政治の思想と行動』(마루야마 마사오, 김석근 옮김,『현대정치의 사
　　상과 행동』, 한길사, 1997), 未来社, 1964

松沢裕作·井手英作,『分斷社会·日本: なぜ私たちは引き裂かれるのか』, 岩波書店,
　　2016

森鴎外,『雁』(모리 오가이, 김영식 옮김,『기러기』, 문예출판사, 2012), 近代文學館, 1968

村上泰亮,『新中間大衆の時代』, 中央公論新社, 1984

室井尚,『文系學部解体』, 角川書店, 2015

坂口安吳,『墜落論』(사카구치 안고, 최정아 옮김,『백치·타락론 외』, 책세상, 2007), 銀座出版社,
　　1947

司馬遼太郎,『明治という國家』, NHKブックス, 1989

荒畑寒村, 『谷中村滅亡史』, 岩波書店, 1999

山本義隆, 『原子・原子核・原子力: わたしが講義で伝えたかったこと』, 岩波書店, 2015

山住正己, 『日本近代思想大系6 教育の体系』, 岩波書店, 1990

薬師寺克行, 『公明党』, 中央公論新社, 2016

大江健三郎, 『沖縄ノート』(오에 겐자부로, 이애숙 옮김, 『오키나와 노트』, 삼천리, 2012), 岩波書店, 1970

横山源之助, 『日本之下層社会』, 教文館, 1899

井上佳子, 『三池炭鉱「月の記憶」: そして与論を出た人びと』, 石風社, 2011

石牟礼道子, 『苦海浄土』(이시무레 미치코, 김경인 옮김, 『슬픈 미나마타』, 달팽이, 2007), 講談社, 1969

原田正純, 『水俣が映す世界』, 日本評論社, 1989; 『豊かさと棄民たち: 水俣學事始め』, 岩波書店, 2017

藤野豊, 『ハンセン病と戦後民主主義: なぜ隔離は強化されたのか』, 岩波書店, 2006

福沢諭吉, 『福澤全集緒言』, 時事新報社, 1897

ひろたまさき, 『近代日本の意識構造 22 差別の視線』, 吉川弘文館, 1998; ひろたまさき, 『差別の視線: 近代日本の意識構造』, 吉川弘文館, 1998

Alain Marc Rieu, *Savoir et pouvoir dans la modernisation du Japon*, Presses Universitaires de France, 2001

Benedict Anderson, *The Spectre of Comparisons: Nationalism, Southeast Asia*, and the World, Verso, 1998

Bernard L. Cohen, *Heart of the Atom*, DOUBLEDAY & CO INC, 1967

Hannah Arendt, *The Origins of Totalitarianism*(한나 아렌트, 박미애·이진우 옮김, 『전체주의의 기원』, 한길사, 2006), Schocken Books, 1951

John Dower, *Embracing Defeat: Japan in the Wake of World War II*(존 다우어, 최은석 옮김, 『패배를 껴안고』, 민음사, 2009), WW Norton & Company, 1999

Max Weber, *Der Nationalstaat und die Volkswirtschaftspolitik*, 1895

Stefan Kühl, *The Nazi Connection: Eugenics, American Racism and German National Socialism*, Oxford University Press, 1994

Susan Sontag, *Illness as Metaphor*(수전 손택, 이재원 옮김, 『은유로서의 질병』, 이후, 2002), Farrar, Straus & Giroux, 1978

Thomas Piketty, *Capital in the Twenty First Century*(토마 피케티, 장경덕 옮김, 『21세기 자본』, 글항아리, 2014), Belknap Press, 2014

Walter Benjamin, *Theses on the Philosophy of History*(발터 벤야민, 최성만 옮김, 『역사의 개념에 대하여 외』, 길, 2008), 1940

떠오른 국가와 버려진 국민

2020년 6월 12일 1판 1쇄
2020년 7월 15일 1판 2쇄

지은이 강상중
옮긴이 노수경
사진 제공 교도통신사 · 호리 마코토共同通信社 · 堀誠

편집 이진 · 이창연 **디자인** 김민해
제작 박흥기 **마케팅** 이병규 · 양현범 · 이장열 **홍보** 조민희 · 강효원

인쇄 천일문화사 **제책** J&D바인텍

펴낸이 강맑실 **펴낸곳** (주)사계절출판사
등록 제406-2003-034호 **주소** (우)10881 경기도 파주시 회동길 252
전화 031)955-8588, 8558 **전송** 마케팅부 031)955-8595 편집부 031)955-8596
홈페이지 www.sakyejul.net **전자우편** skj@sakyejul.com
블로그 skjmail.blog.me **페이스북** facebook.com/sakyejul
트위터 twitter.com/sakyejul

값은 뒤표지에 적혀 있습니다. 잘못 만든 책은 서점에서 바꾸어 드립니다.

사계절출판사는 성장의 의미를 생각합니다.
사계절출판사는 독자 여러분의 의견에 늘 귀기울이고 있습니다.

이 책은 저작권법에 따라 보호받는 저작물이므로 무단전재와 무단복제를 금합니다.

ISBN 979-11-6094-666-6 03300

이 도서의 국립중앙도서관 출판시도서목록(CIP)은
서지정보유통지원시스템 홈페이지(http://www.seoji.nl.go.kr)와
국가자료공동목록시스템(http://www.nl.go.kr/kolisnet)에서
이용하실 수 있습니다. (CIP제어번호: CIP2020021957)